역사에서
기억으로

서강대 트랜스내셔널인문학연구소 기획

임지현·정면·김정한 외 지음

역사에서 기억으로

침묵당한 목소리를 불러내다

진실의힘

차례

2부 국가로부터

3부 다른 나라에서

4부 기록되고 기록하다

5부 기억과 흔적

들어가며
'기억을 학살하라,'
그들이 비극의 역사를 부정하는 법

임지현
서강대 트랜스내셔널인문학연구소

부정론의 핵심은 기억을 죽이는 데 있다. 기억을 죽이는 것은 희생자를 두 번 죽이는 일이다. 부정론자들은 인간적 존엄성을 무시당하고 비통하게 죽어간 희생자들의 부름에 응답하려는 도덕적 결단인 기억을 부정함으로써, 응답 책임을 회피하고 '타자의 정의'를 부정한다.

홀로코스트가 한창이던 2차 대전 당시 나치 학살자들은 이미 부정론의 토대를 닦기 시작했다. '걸어 다니는 살인자'라는 별명의 게슈타포 설계자 하이드리히Reinhard Heydrich는 홀로코스트 학살 현장의 사진 촬영을 엄격히 금지했다. 강제수용소 주변에 촘촘히 세워진 '사진 촬영 금지' 팻말은 학살의 기억을 학살하기 위한 나치의 의도를 잘 드러낸다.

나치 친위대장이었던 히믈러Heinrich Himmler 역시 홀로코스트 부정론자였다. 그는 학살을 지시한 공문서를 파기하고 수용소의 학살 흔적을 폭파해버리는 등 홀로코스트의 증거 인멸에 앞장섰다. 휘하의 친위대원들은, 단 한 명의 증인도 수용소를 살아서 걸어 나가지 못하도록 하겠다고 공언했다.

실제로 가스실을 살아서 걸어 나온 증인은 한 명도 없었다. 아무도 독가스를 이길 수는 없었다. 학살을 넘어서, 학살의 법의학적 증거인 희생자 시체들마저 말살하려 했던 나치의 그로테스크한 안간힘은 기억을 지우기 위해 그들이 얼마나 노심초사했는지를 잘 보여준다.

나치의 체계적인 증거인멸 작업을 보면, 홀로코스트에 대한 히틀러Adolf Hitler의 책임을 입증하는 최종 명령서를 발견할 가능성도 극히 희박해 보인다. 히틀러의 '학살 명령서'를 찾아오는 사람에게 1000파운드의 상금을 주겠다는 홀로코스트 부정론자 데이비드 어빙David Irving의 허풍은 이런 사정을 엿보게 해준다. 부정론자인 자신을 역사적 진리의 수호자로 포장하는 싸구려 실증주의 수법이다.

1980년 광주로 눈을 돌려보아도, 상황은 매우 유사하다. 국방부 과거사진상규명위원회가 오랜 수고에도 불구하고 전두환의 '발포 명령서'를 찾지 못한 것은 어느 정도 예견된 일이다. 현재로서는 '전 각하'가 계엄군의 '자위권 발동'을 강조한 군 지휘관 수뇌 회의에 참가했다는 자료가 전두환의 학살 책임을 입증하는 가장 근접한 증거다.

엄격한 실증주의의 관점에서 보면, 이는 정황증거일 뿐 직접적인 증거는 아니다. '스모킹 건'이 없는 것이다. 안타깝지만, 전두환 장군이 자필로 서명한 발포 명령서가 어느 날 갑자기 하늘에서 툭 떨어지는 일은 기대하기 어렵다. 법적 처벌을 넘어서 끈질기게 그의 책임을 응시하는 사회적 기억이 필요한 이유다.

"발포 명령은 아예 존재하지도 않았다"며 학살 책임을 부정하고 자기야말로 광주의 비극을 치유하기 위한 희생자였다는 전두환 씨의 도착 심리는 홀로코스트 부정론과 놀랍도록 닮았다. 단순 무식한 범죄자라고 차치하기에는, 부정론자들은 훨씬 교활하고 논리적 무장도 잘돼 있다.

이들은 단순한 증거인멸에 만족하지 않고, 간접적 정황증거들조차 잘 기획된 언어 조작을 통해 흐릿하게 만든다. 역사를 모르면, '최종해결책'이 600만 유대인을 학살한 홀로코스트를 의미한다고 알아채기는 거의 불가능하다. 아우슈비츠의 시체 처리반을 '특공대'라고 불렀으니 알 만하다.

광주 시민들에 대한 학살 작전인 충정작전을 속칭 '화려한 휴가'라고 부른 것도 문제다. 참혹함을 덮어버리는 것이다. '위안부'도 일본군 성노예 제도의 실상을 은폐하기는 마찬가지다. 가해자들의 완곡어법은 기억을 지우기 위한 언어적 장치다. 멀쩡한 말부터 폭력의 희생자가 되는 것이다.

부정론의 가장 큰 역설은 역사적 증거를 인멸한 자들이 엄격한 실증주의자로 자처한다는 데 있다. 이들이 한결같이 '증거, 증거, 증거!'를 외치는 것은 '증거'가 없다는 확신 때문이다. 사실 부정론자들에게 중요한 것은 역사적 사실이 아니다. 실증주의는 희생자들의 기억이 부정확하고 정치적으로 왜곡되거나 조작되었다는 인상을 주기 위해 자주 소환되는 이데올로기일 뿐이다.

최근 '미투' 운동에서 성폭력 가해자로 고발된 사회적 저명인사들이 피해 당사자들의 희미한 기억을 믿을 수 없으니 확실한 증거자료를 대라고 큰소리치는 것도 같은 이유다. 미투 운동의 주 무기인 피해자들의 증언은 성폭력 가해자의 명예를 훼손하기 위한 음모라고 일축되기 십상이다.

일본에서 '미투' 운동의 약세는 위안부 부정론의 득세와 한 쌍을 이룬다. 주변화되고 침묵을 강요당한 피해자 여성들의 목소리를 억압하는 남성주의가 그 핵심 고리다. 이들 남성주의 가해자들은 문서로 입증하지 못하는 증언은 증거가 아니라는 방어 논리 속에 꼭꼭 숨어 있다.

일본군 위안부 부정론자 중 한 명인 후지오카 노부카쓰藤岡信勝는 "일본군이 강제로 조선 여성을 연행했다면, 명령서가 반드시 있어야 하는데 그런 문서는 한 통도 발견되지 않았다"며 알리바이를 제시한다. 그의 논리대로라면, 최종 명령서가 없는 히틀러도 전두환도 모두 면책되어야 마땅하다.

'일본군에 의한 조직적 성폭력'이라는 위안부 문제의 본질을 느닷없이 강제연행으로 제한하고는, 강제연행을 지시한 군의 공식 문서가 없으니 피해자들의 증언은 거짓이라고 몰아붙인다. '저 할머니들이 정말로 위안부였다고 보증할 만한 것이 어디에 있는가?'라는 식이다.

권력을 가진 가해자가 문서와 역사적 서사를 독점한 상황에서 힘없는 희생자들이 가진 것은 기억과 증언뿐이다. 그런데 증언은 불완전하고 감정적이며 때로는 부정확하다. 실증주의로 무장한 부정론자들이 죄인 다루듯 증인을 압박하고 증언의 가치에 흠집을 내려고 시도하는 것도 이 때문이다.

 '거짓말,' '조작,' '왜곡,' '날조' 등의 언어폭력이 역사적 비극의 생존자들에게 가해지고, 이는 '실증'이란 이름으로 정당화된다. 기억이 흐릿하다는 이유로 희생자들은 자신들의 말을 빼앗긴다. 자신의 내밀한 아픔이 타자의 실증적 언어로 규정될 때, 이들은 자신의 아픔을 인정받지 못한 데서 오는 극심한 소외감과 고통을 겪는다.

 현재 동아시아의 기억전쟁은, 호메이니Ayatollah Ruhollah Khomeini의 이란과 미국의 백인 우월주의 KKK단이 홀로코스트 부정론의 연합 전선을 구축했듯이, 일본과 대만의 부정론자들이 한국의 부정론자들과 극우적 연대를 결성하는 새로운 국면에 돌입하고 있다. 지금 여기에서 부정론을 부정하는 작업이 국경을 넘어 밑으로부터 트랜스내셔널한 기억의 연대를 모색해야 하는 이유도 여기에 있다.

 동아시아 공통의 '과거'를 지배하는 게임의 규칙 또한 '역사교과서' 논쟁 시기의 '역사'에서 '기억'으로 바뀌어야 한다. 역사를 윤리적 판단이 배제된 회계장부처럼 생각하는 역사가들과는 달리, 기억 연구자는 역사적 기록에서 지워진 희생자의 아픔에 대해 공감할 줄 아는 '사람의 마음을 살피는 역사가'다.

　부정론의 인식론적 무기가 단세포적 실증주의라면, 부정론을 부정하는 무기는 타자의 아픔에 공감하고 그들의 고통스러운 부름에 응답하는 기억의 책임이다. 싸구려 실증주의적 부정론의 대안인 기억 연구는 '미투' 운동의 방법론적 동반자인 것이다.

1부 전쟁 속으로

여자의 얼굴을 한 전쟁
일본군 '위안부' 증언 이후의 풍경들

이헌미
한국여성인권진흥원 일본군'위안부'문제연구소

　　서울지하철 6호선 삼각지역 12번 출구로 나와 미군 기지 철조망 담장을 따라 걷다 보면 용산 전쟁기념관이 있다. 기념관의 전경을 지배하는 것은 거대한 6·25전쟁 조형물이다. 그 중심에 "6·25전쟁의 고난과 고통의 상처를 표현하고 선열들의 숭고한 희생정신과 호국정신을 상징화"한 청동상 '호국군상'이 서 있다.

　　"전쟁을 극복했던 각계각층의 38인을 조각"한 호국군상에서 여성은 다섯 명이다. 그들은 남성 병사의 품에 안겨 있거나 아버지와 오빠를 쫓아가는 어린 소녀, 쓰러진 어머니, 댕기 머리를 한 처녀, 그리고 여군의 형상을 하고 있다. 총을 든 단 한 명의 여군을 제외하면 모두 빈손으로 무력하게 대오의 끝에 위치해 있다.

　　그렇다. 오랫동안 전쟁은 남자의 일로 치부되었다. 남성의 시선으로 그려진 전쟁 속 여성의 모습은 보호받아야 할 후방의 존재다. 적들에게 짓밟힌 민족의 수난이며 아픔이다. 그러나 작가 스베틀라나 알렉시예비치Svetlana Alexievich는 여자의 전쟁 이야기에 주목했다. 2차 대전에 참전한 다양한 소비에트 여성들의 기억을 형상화한『전쟁은 여자의 얼굴을 하지 않았다』는 2015년 노벨 문학상을 수상했다.

여자들은 거기에 있었다. 함께 싸웠고, 죽었고, 또 살아남았다. 여성 자신의 목소리로 재구성해낸 전쟁의 진실에 세계는 박수를 보냈다. 그러나 소련 치하에서 이 책은 스탈린Iosif Stalin의 신화화된 대조국 전쟁 서사의 허구를 폭로한다는 이유로 출간이 금지되기도 했다.

전쟁의 역사에서 비가시화되었던 여성들의 이야기는 한국 사회에도 낯설지 않다. 그 이름의 하나가 일본군 '위안부'다. '위안부'라는 말에는 항상 유보의 따옴표가 쳐진다. 가난한 식민지 여성의 성을 국가가 동원해 착취한 성노예제가 전장의 군인들에게 제공되어 마땅한 '위안'으로 미화되었다는 끔찍한 모순 때문이다.

이러한 모순은 전후에도 이어졌다. 태평양전쟁 세대는 '처녀 공출'의 소문을 익히 들어 알았고, 1975년 배봉기, 1982년 이남님, 1984년 배옥수와 노수복이 국내외 언론에 노출되었지만, '위안부'는 한국의 사회적 기억에서 여전히 가라앉은 존재였다. 식민 지배가 초래한 민족 수난의 표상은 될지언정, 여성의 성적 피해라는 맥락에서 공론화가 금기시되었기 때문이다.

용산 전쟁기념관 '호국군상.' ⓒ 이헌미.

탈냉전과 민주화, 여성운동이 만든 변화의 바람 속에서 마침내 1991년 김학순은 TV 앞에서 자신의 피해를 말했다. 여성의 얼굴을 한 전쟁의 경험이 여성의 목소리로 사회적 기억과 공적 역사에 기입된 순간이다. 그리고 오늘날 일본군 '위안부'는 식민주의와 전쟁, 가부장적 국가폭력을 고발하는 강력한 기호가 되었다.

　그럼에도 불구하고 왜 '위안부'를 둘러싼 기억전쟁은 계속되는가? 2020년 1월 1일 SBS 신년특선영화로 방영된 미키 데자키Miki Dezaki의 다큐멘터리 〈주전장主戰場〉은 일본과 미국, 한국을 아우르는 '위안부' 부정론자들과 인정론자들 사이의 트랜스내셔널한 기억전쟁의 면면과 판도를 아주 잘 보여주었다.

　혹자는 '위안부' 피해의 본질이 생존자들의 증언만으로는 해결되지 않는 역사적 실증의 문제라고 한다. 그러나 위안소 제도의 설립과 운영, '위안부' 동원에 일본군의 직간접 개입이 있었다는 실증은 1990년 무렵 이미 완결되었다. 중국, 대만, 네덜란드 등에서 발견된 추가 자료들은 이러한 결론을 보완할 뿐이다. 그런데 수정주의 담론이 날뛴다. 사회의 시계를 거꾸로 되돌려, 논의의 쟁점을 강제연행의 유무로 협소화하고, 피해자들을 '매춘부'로 매도한다.

　지금 진행되고 있는 기억전쟁은 무엇을 역사라고 부를 것인가, 나아가 우리는 누구인가라는 근본적 물음을 둘러싼 싸움이다. '위안부' 피해 경험을 여성에 대한 전쟁범죄로 말

할 수 있었던 것은 더 평등하고 민주적인, 아래로부터의 역
사에 대한 사회적 열망 때문이었다. 생존자들은 증언했다.
실증은 끝났다. 이제 남은 일은 각자의 위치에서 전쟁의 경
험을 성찰하여 공동체를 위한 교훈으로 빚어내는 작업이다.
우리는 이를 '기념'이라고 부른다.

무엇을 어떻게 기리는가 하는 기념의 풍경은 한 사회의
거울이다. 기억의 집단적 박물화가 아닌 깨어 있는 기념은
어떻게 가능할까. 전쟁을 직접 경험하지 못한 세대에게 필
요한 것은 나의 삶이 과거의 오류를 유산으로 성립된다는
'연루'의 감각이다. 또한 무분별한 피해자 민족주의와 정체
성 정치에서 벗어나려면, 타자에 대한 긴장과 존중을 놓치
지 말아야 한다.

도쿄 와세다대학 캠퍼스 한쪽에는 2005년 설립된 '여성들
의전쟁과평화자료관WAM(Women's Active Museum on War and
Peace)'이 있다. 입구에는 아시아 전역의 위안부 피해 여성들
의 사진이 걸려 있다. 500여 건의 자료가 목록화되어 있고
전시는 매우 실증적이다.

그에 비해 2016년 개관한 타이베이의 '아마 평화와여성인
권관AMA Museum'은 정서적이다. '아마'는 대만어로 할머니
라는 뜻이다. 대만 '위안부' 피해자 59명을 기리고 있다. 생
존자들을 피해자 이미지로 고착시키는 대신 전후의 삶에 방
점을 둔 사진 전시가 인상적이다.

서울 마포구 성산동에 자리한 전쟁과여성인권박물관 지

도쿄 여성들의전쟁과평화자료관WAM 입구 벽면. ⓒ 이헌미.

하전시관에는 '그녀의 일생'이라는 방이 있다. 몸을 굽혀도 간신히 들어갈까 말까 한 좁은 입구에 고개를 들이밀면, 위안소를 연상시키는 멍석과 신발이 놓여 있다. 차가운 사방의 시멘트벽에는 '위안부' 피해자들의 사진과 영상이 흐릿하게 비친다.

일본과 대만 '위안부' 기념관의 전시는 관객에게 호소하는 지점이 다르다. 피해를 대하는 거리감과 위치성의 차이에서 새삼 과거 제국이었던 나라와 식민지였던 나라의 시선의 간극을 확인하게 된다. 또한 같은 일본 식민지였지만 소수민족 출신이 다수 포함된 대만 '위안부' 피해의 사회적 의미를 한국인들은 쉽사리 알기 어렵다. 피해의 실증 이전에도 그 이후에도, 여성이나 민족이라는 동일성으로 환원될 수 없는 개별 여성의 이야기가 있다.

따라서 기념이 자기만족적 의례화에 그치지 않으려면, '위안부' 기억이 가지는 지역적인 특수한 맥락과 글로벌한 보편성을 읽어내고 연계하려는 지속적인 작업이 필요하다. 뉴저지, 페어팩스, 베르겐, 샌프란시스코, 시드니 등 해외 곳곳의 위안부 기림비들은 한국과 일본의 과거사 때문이 아니라, 그 지역의 이민자 공동체들의 공존과 화합을 위해 세워진 것이다.

국제정치학자 문경희는 2016년 시드니에 소녀상을 건립한 호주 한인들의 일본군 '위안부' 운동에서, 젠더와 에스니시티ethnicity 두 정체성이 어떻게 상호 연계되거나 갈등적으

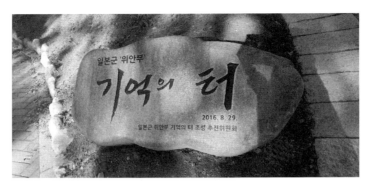

서울 중구 예장동 통감관저 터에 조성된 일본군 '위안부' 기억의 터. ⓒ 이헌미.

로 투영되었는지 살펴보았다.* 이는 해외 한인들이 전개하고 있는 초국적 민족주의trans-nationalism 운동의 다면성과 복합성을 드러내는 데에 유효하다. 또한 '소녀상' 건립을 포함하여, 해외 일본군 '위안부' 운동 측이 트라우마적 사건을 기념하고자 하는 취지가 지역, 지역민의 현재와 미래의 맥락에서 보편화될 수 있을 때 진전될 가능성이 있다는 점을 알려준다.

2019년 8월 한국, 중국, 필리핀 소녀 셋이 손을 맞잡고 김학순이 이들을 바라보는 샌프란시스코판형 '위안부' 기림비가 식민 통치의 상징인 서울 남산 조선신궁 터 옆에 세워졌다. 기림비의 위치 선정은 '위안부' 피해자들을 민족 영웅으

• 문경희, 「호주 한인들의 '소녀상' 건립과 일본군 '위안부' 운동 — '코스모폴리탄' 기억형성과 한인의 초국적 민족주의 발현」, 『페미니즘연구』 18(1)(2018).

로 만들어가는 최근의 기념 문화를 십분 반영한다. 그러나 안중근의사기념관과 안중근 동상 옆에서, 이 기림비의 형상이 의도했던 초국적인 메시지는 맥락을 잃어버린다. 기림비 앞 매점을 드나드는 사람들은 그나마도 관심이 없어 보인다.

기억에서 종점은 없다. 다만 지속적인 재평가만이 있을 뿐이다. '여자의 얼굴을 한 전쟁'을 화두로 삼는 기억의 역사화 작업은 또 다른 논쟁을 불러올 것이다. 이를 기념의 범람 속에서 상실되어왔던 다양한 목소리들이 사회화되는 계기로 만드는 것은 모든 기억 활동가들의 몫이다.

일본 강제동원, 어떻게 기억할 것인가?

강정석

한양대 사학과

한·일 간 기억전쟁이 갈수록 태산이다. 전장의 한복판에는 일제 강제동원 문제가 있다. 한·일 위안부 합의에서 한국 대법원의 강제동원 배상 판결, 일본의 대한 수출규제, 한·일 군사정보보호협정 파기로 이어지는 날 선 공방 속에 민족주의와 국가주의로 무장한 주장이 고개를 든다. 일본 정부가 일제 강제동원의 강제성을 부인하는 검정교과서를 확대하는 사이, 한국의 역사수정주의자들은 강제동원 피해자들의 증언을 부정한다. 일제 강제동원을 둘러싼 한·일 간 기억전쟁의 정국은 코로나19 시국만큼이나 오리무중이다.

국가 대 국가의 문제는 외교로 풀어야 한다는 목소리가 높지만, 외교는 늘 신통치 않았다. '외교상의 고려' 때문에 한국 정부는 1965년 한일청구권협정 문서 공개를 수십 년간 미뤄왔다. 국유지나 일본 총영사관 주변에 강제동원 기념비

강제징용노동자상. ⓒ 강정석.

건립도 허용하지 않았다. 일제 전범 기업의 손해배상 책임을 인정하는 대법원 판결은 5년이나 미적대다 2018년에야 확정되었다.

2015년 한·일 위안부 합의의 산물인 화해·치유재단, 2019년 국회의장이 제안한 '기억·화해·미래재단 법안' 등으로 대표되는 외교적 시도들은 모두 국가 간 외교 우선주의 아래 '사태'를 더 꼬이게 만들면서 '사죄 없이 배상 없다'는 피해 당사자와 시민사회의 요구를 기각해왔다. 정부는 '피해자 중심주의'를 중시하겠다고 화답했으나, 피해자 중심주의는 피해자 입장을 단순 대리하는 것이 아니다. 피해자들의 목소리에 귀를 기울이고, 그들의 고통을 추체험으로 나눠 갖는 일이다. 곧 개인의 기억을 공동의 기억으로 만드는 것이다.

개인의 기억을 공동의 기억으로 만들기 위해서는 우선 역사를 기억해야 한다. 역사를 기억하는 공적 형식은 기념비다. 공공장소에 들어선 대표적 강제동원 기념비는 '강제징용노동자상'이다. '강제징용노동자상'은 2016년 교토 단바 광산 터를 시작으로 국내에서는 서울 용산역 광장을 비롯한 8개 도시에 세워졌다.

갈비뼈가 앙상하게 드러난 남성 노동자를 형상화한 '강제징용노동자상'은 기념비가 되어서도 수난을 면치 못한다. 국유지에 임의 시설물을 설치할 수 없다는 이유로 용산역 기념비엔 벌금이 부과되었다. 일본 총영사관 부근 기념비는 외교상 문제로 설치와 철거가 거듭되었다. 역사수정주의자들은 노동자 형상이 사실에 근거하지 않은 역사 왜곡이라고 비난했다. 이에 노동자상 조각가는 특정 인물이 아닌 보편적 인권을 표상하는 '창작품'임을 밝히며 명예훼손 소송을 걸었으나, 검찰은 무혐의 처분을 내렸다.

2015년 이른바 '군함도 사진' 사건 역시 조작과 왜곡의 홍역을 한바탕 치르며, 강제동원을 둘러싼 사회적 기억의 재구성이 녹록지 않음을 보여줬다. "어머니 보고 싶어, 배가 고파요, 고향에 가고 싶다"라는 문구가 적힌 이 사진은 강제동원을 다룬 소설 『수난이대』의 해설에도 인용되었다. 또한 TV 인기 예능 프로그램에도 강제동원의 참상을 보여주는 역사적 증거로 등장했으나. 결국 영화 〈을사년의 매국노〉(1965)의 촬영을 위해 창작된 소품으로 판명되었다.

소송이나 사진 조작 사건이 단순한 에피소드일 수는 없

영화 촬영을 위해 만들어진 것으로 밝혀진 사진.

다. 이 일화들은 공적 기억과 관련된 중요한 문제를 함축한다. 그것은 무엇을 기억하는가도 중요하지만 어떻게 기억할 것인가가 더 중요하다는 것이다. 기억의 장소가 지니는 공적 효과는 단지 기억을 붙잡아두거나 불러내는, 보존과 회상의 역할에 머무르지 않는다. 기억의 장소는 그 자체로 기억을 구성한다. 어떻게 기억할 것인가가 중요한 이유다.

강제동원의 사회적 기억 구성 과정에서 필요한 것은 기억의 다양성과 다방향성이다. 강제동원은 일제가 '모집'(1939), '관알선'(1941), '징용'(1944)이라는 이름 아래 실행한 노무동원과 여성동원, 군인·군속동원을 아우르는 개념이다. 강제동원의 대상은 식민지 조선의 성인 남성뿐만 아니라 여성, 미성년 남녀들을 포괄했다. 또한 강제동원은 조선, 일본, 사할린, 만주, 중국, 남양군도 등 일본제국권 전역에서 모든 사람을 대상으로 실시되었다. 일제 강제동원의 피해자는 조선인뿐만 아니라 일본 내지인을 비롯한 제국의 모든 강제노동자들이다. 다국적인 강제노동자들의 기억은 다방향적이다. 따라서 그들의 과거사는 개별 민족의 수난사에 국한될 수 없다. 따라서 성인 남성 노동자의 형상으로 획일화되어 있는 강제징용노동자상이나 일국사에 치중되어 있는 국립강제동원역사관의 전시 서사를 기억의 다양성과 다방향성이라는 맥락에서 재검토하고 확장할 필요가 있다.

역사에 이름을 싣지 못한 무연고 유골을 발굴하고, 생존자들의 목소리에 호응해 행동에 나서 정부와 기업 문서고의

빗장을 푼 것은 일본의 풀뿌리 기억 활동가들이었다. 1970년대 일본의 공식적인 국가기억에서 누락된 국가폭력 희생자들의 역사를 파헤친 '민중사발굴운동,' 1980년대 홋카이도 탄광 지역의 강제노동 희생자 유골을 발굴한 '소라치민중강좌,' 30여 년간 일본 정부와 우익의 거센 공격을 무릅쓰고 강제동원 자료를 추적하고 발굴한 '조선인강제연행진상조사단'과 '강제동원진상규명네트워크' 등이 바로 그들이다. 이들의 활동은 한국 '일제강점하강제동원피해위원회'의 자료 발굴과 수집, 한국과 일본, 대만 젊은이들의 강제동원 유해 발굴 연대 네트워크인 '동아시아공동유해발굴단'의 밑거름이 됐다.

한국과 일본 사이에는 식민 지배의 역사와 기억을 매개하는 더 많은 연대가 필요하다. 그 연대는 화해를 표어로 내걸지만, 국가주의의 틀 안에서 단락과 불통을 거듭하는 위로부터의 수직적 연대의 형식은 아니어야 한다. 한국과 일본의 기억공간에서 이름도 없이 사라져간 사람들의 목소리를 찾고, 그들이 들어서야 마땅한 기억의 자리를 마련하고, 부재의 기억을 공동의 기억으로 나누는 연대의 행동이어야 한다. 2021년에 500회를 돌파한, '전범 기업' 미쓰비시중공업 본사 앞 집회를 이끌어온 '나고야 미쓰비시 조선여자근로정신대 소송을 지원하는 모임'은 동참을 요청한다. "미쓰비시를 상대로 한 소송에서 함께 힘을 모으자!"

강제동원 기억의 다양화 및 다방향화 작업과 병행되어야

하는 것은 국경을 넘는 풀뿌리 기억의 연대다. 기억전쟁의 한복판에서 필요한 것은 아래로부터의 기억의 연대, 국경을 넘는 기억의 수평적 연대다.

금순이의 6·25
기억과 기념으로서의 한국전쟁

이용우
홍콩중문대 문화연구학과

한국인에게 세 번의 근대적 전쟁 경험(태평양 전쟁, 한국전쟁 그리고 베트남전쟁)과 이에 따른 집단 트라우마는 수많은 기념비나 도서·대중음악·영화·박물관 등 다양한 미디어 재현 과정을 통해 익숙한 방식으로 순화되고 역사화되며, 전형적인 이미지와 공적 기억으로 고착화되어 반복 재생산되었다. 이렇게 반복적으로 재현된 트라우마의 귀환은 우리에게 어떤 시사점을 주는가?

2010년 전쟁기념관에서는 한국전쟁 60주년을 기념하는 전시가 열렸다. 네이션nation(국가-국민-민족)의 역사를 재생산하고 공적 기억을 환기하기 위해 1994년 6월 용산에 개관한 전쟁기념관은 원래 대한민국 육군 청사가 있던 자리였다. 입구에 들어서면 가장 눈에 띄는 것은 6·25전쟁50주년 기념사업단에 의해 제작된 조형물이다. "유구한 역사와 민족의 번성을 상징하는 청동검과 생명수나무"를 모티프로

서구식 화강암으로 만든 메인 기념관 앞에 다산과 풍요를 기원하는 거대한 남근 토템처럼 우뚝 솟은 조형물을 지나 전시실 내부로 들어서게 된다.

삼국시대부터 베트남전쟁에 이르기까지 약 2000년이 넘는 연대기적 전쟁 역사의 파노라마는 마치 살아 숨 쉬는 거대한 뼈라처럼 보인다. 이러한 역사 서사의 모조품들이 지니는 상징적 가치란, '오랑캐'와 '일제' 그리고 '빨갱이'의 침략으로 점철된 굴곡의 역사 속에서도 꿋꿋이 살아남은 반도인의 기상과 선조들의 희생적 서사를 통해 민족주의 내셔널리즘의 정당성과 한민족이라는 영구적 단일민족 상상 공동체라는 자긍심 고취에 있다.

전시관 한 귀퉁이에선 유성기 잡음과 함께 울려 퍼지는 빙 크로스비Bing Crosby 풍의 현인의 목소리가 마치 눈썹이라도 깜빡 거릴 듯한, 한국 전후의 얼굴성faciality/Visagéité•을 대변하고 있는 밀랍 인형들의 귓가에 나지막이 읊조린다. '굳세어라'고. 그리고 무표정한 얼굴로 손을 쑥 뻗어 금세라도 입술을 삐죽거리며 수치심과 배고픔이라는 양가적 감정들

• 펠릭스 가타리Félix Guattari는 『기계적 무의식 L'Inconscient machinique』(1979)에서, 무의식의 잉여적 공간을 '얼굴성'이라 불렀다. 그는 얼굴이 특정 사회구성체의 산물이자 감정 표정을 지니게 되었을 때라야 비로소 신체에서 분리된 독자적 '얼굴성'을 획득하게 된다고 말한다. 즉 표정이라는 기표가 내재한 얼굴이야말로 비로소 타자에게 자신의 의사를 전달하는 도구이자 기호가 되는 것이다.

을 고스란히 드러내며 '김미 초콜렛!'이라고 외칠 듯한 전쟁고아의 얼굴 앞에 서 있는 자신을 목도하게 된다. 벤야민 Walter Benjamin은 「이야기꾼Der Erzähler」(1936)에서 이야기꾼이 결국 말하고자 하는 것은 그 내용이나 정보가 아니라, 기억 속에 은폐되어 있고 망각 속에 파묻힌 것들이라 말했다. 즉 이런 감춰진 이야기들이 지닌 효능은, 프루스트Marcel Proust의 『잃어버린 시간을 찾아서À la recherche du temps perdu』의 마들렌처럼, 무의식적 회상이나 어떤 역사나 이야기에 대한 특정 기억을 지니고 있는 매개물을 통해 죽어 있던 목소리들을 되살려내는 주술의 힘이다. 의식이 이미 문제적 사건이나 역사를 망각했다는 사실에도 불구하고 무의지적 기억은 계속 살아 있는 것처럼, 전쟁기념관 속 전쟁고아 밀랍 인형의 얼굴은 우리에게 무언의 비밀 이야기를 건네고 있다. 영원히 부패하지 않은 채, 전후라는 시간성 속에 갇혀, 사후 생명을 통해 스스럼없이 뻗은 손으로 전후와 현재의 시간을 매개하며, 과거가 결코 현재와 다르지 않다는 비밀.

전쟁기념관 밀랍 인형의 무표정한 '얼굴성'은 이미 60년이나 지났지만 여전히 지속되고 있는 우리 안의 식민적 무의식을, 피식민지로서의 과거를, 신식민지로서의 현재를 고요하지만 집요하게 소환해내고 있다. 이 전쟁고아는 태평양전쟁기 일본 소년잡지 『소년구락부少年俱樂部』와 만화 「단키치의 모험冒險ダン吉」을 보며 군국 파시즘 소년병의 꿈을 키우던 조선인 남자아이가 낳은 자식이었고, 해방 후 "공산당

전쟁기념관, 흥남부두 전시(2010). ⓒ 이용우.

이 싫"었던 이승복의 삼촌이었으며, 냉전기 북괴를 무찌르는 반공 만화 〈똘이장군〉과 〈해돌이〉의 아비였는지도 모른다. 해방 이후 압축 근대화를 거치면서 스스로의 역사를 애도하고 타자를 용서할 기회가 없었던, 밀랍처럼 봉인된 수많은 남한인의 '얼굴들'은 총력전과 한국전쟁, 분단을 거치며 자행된 폭력적 담론들 속에 자신을 피해자로 안착시켰다. 그리고 반공 웅변대회나 포스터·표어 대회에 입상하며 자라나, 북한인들을 뿔 달린 악마로 믿으며 개인적 파시즘을 자가 증식해나간다.

전쟁기념관이라는 공적 기억의 서사와 밀랍 인형이 촉발한, 전후 한국인들의 삶의 파노라마는 과거와 현재를 횡단하며 대리된 전후의 외상기억을 불러일으킨다. 그 기억이 우리에게 환기하는 대상 없는 상실감과 멜랑콜리아의 근원에는, 이제는 북에 홀로 남겨져 굳세게 살아가야만 하는 금순이가 덩그러니 놓여 있다. 해방과 한국전쟁은 한국인들에게 급작스러운 충격을 안겨줬다. 해방은 희망과 자유에 대한 열망, 사회적 재건이라는 의미를 부여했지만, 불확실한 시간으로 점철되어 또 다른 두려움을 안겨주었다. 해방 후 수많은 한국 유행가 속에서 일본 식민 시기에 일어났던 일들을 의식적으로 망각하려는 기제는, 일본적인 것을 언급하거나 사용하는 것을 '사회적 금기'로 여겼던 이승만 정부의 공산주의 척결과 새로운 해방의 날이라는 슬로건으로 자연스레 대체되었다.

해소되지 못한 일제에 대한 원한들은 이후 동족상잔의 반공 이데올로기와 맞물려 제주4·3과 한국전쟁으로 이어진다. 한국인의 의식 속에서 망각되고 억압되어야 하는 일본이라는 기억, 이런 기제를 은밀하게 정치적 헤게모니의 동역학으로 이용했던 미군정과 이승만 정권의 변주곡이 한국가요의 서사로 자리 잡았다. 당시 유행가는 정치적 해방과 독립에 대한 열망, 서구화된 근대성에 대한 함의를 표방했고, 동시에 해방의 기쁨과 국토 분단의 아픔이라는 이율배반적 서사를 왕래하면서, 은연중 일본 식민기로 회귀하려는 기묘한 서사를 반복했다. 이를테면 1937년 중일전쟁 후 '일본제국 찬미가'라는 형태로 등장한 군국가요 서사들이 한국전쟁기에 발매된 가요에도 고스란히 남겨져 있다. 백년설의 〈아들의 혈서〉(1943, 오케레코드), 이화자의 〈결사대의 아내〉(1943, 오케레코드), 장세정의 〈지원병의 어머니〉(1941, 오케레코드) 등 이른바 군국가요는 주로 여성화된 식민 주체로 서사화되었다. 전쟁에 출정하는 병사를 바라보며 후방에 남겨진 어머니, 아내, 종군간호사가 전선에 나가 있는 조선 병사의 기상을 독려하고 군국주의의 영웅으로 찬양하며, 헌신과 희생의 서사를 통해 남편과 아들에게 죽음으로써 기꺼이 일제의 황국신민이 되라고 말하는 내용을 담고 있다.

놀랍게도 이런 희생의 서사는 한국전쟁기 발매된 다양한 가요 속에서도 유사한 형태로 발견된다. 이를테면 금사향의 〈님계신 전선〉(1952, 오리엔트레코드), 심연옥의 〈아내의 노

대구역에서 한 국군 신병이 전선으로 출발을 앞두고 어머니에게 작별 인사를 하는 장면.
© Courtesy of NARA (National Archives and Records Administration).

김안나의 〈종군간호부의 노래〉 가사지(1938, 컬럼비아 레코드).

래〉(1952, 오리엔트레코드), 권정옥의 〈내 아들 소식〉(1952, 오리엔트레코드), 차은희의 〈일선의 오빠〉(1957, 신신레코드) 등이다. 후방의 여동생, 아내, 어머니 등 이 노래들의 여성 화자는 마치 총력전기 식민지 여성, 특히 신여성과 모던걸에게 성적 평등이라는 논리로 황민으로서 동등하게 전쟁에 참여하라고 독려했던 일제 찬미가처럼, 국민의식 형성을 주도하려던 국가주의 동원 서사로 재현된다. 한국전쟁기 유행가에 등장하던 이런 모순된 가사들은 탈식민지 음악인과 수용자의 양가적 위치를 가감 없이 드러낸다. 마치 유예된 시간처럼 해방 후에도 은연중에 '황국신민'으로서의 안락한 자아를 보장받을 수 있는 순간과 장소 속으로 회귀하여, 일본에서 미국으로 '체인징 파트너'한 제국과 중첩된 식민 경험들은 유사 반복을 통해 기억을 망각하거나, 새로운 점령자를 모방함으로써 과거의 기억으로부터 접합하고 부재하려 했다. 한국전쟁기 대중음악은 이처럼 전후 남한의 감정의 구조structure of feeling일 뿐만 아니라, 이중 식민화를 겪은 집합기억의 산물이었다.

전쟁기념관에서 유성기로 들었던 〈굳세어라 금순아〉(1953, 강사랑 작사, 박시춘 작곡, 현인 노래, 오리엔트레코드)는 흥남에서 여동생 금순과 헤어져 홀로 부산에 피란 온 화자가 북에 두고 온 여동생을 그리며 남북통일이 될 때까지 굳세게 살아달라 염원하는 노래였다. 금순은 전쟁에 맞닥뜨린

현인의 〈망향의 소야곡〉, 청춘스테숀 광고, 『영남일보』(1951. 6. 20).

이름 없는 선량한 이웃이자, 근대 국민국가와 제국주의에 의해 만들어진 계획적이고 장기적인 폭력에 잊힌 자들의 심경을 대변하는 얼굴이다. 실향민의 정서와 분단 시대를 상징하던 북에 남겨진 금순은, 그래서 "눈보라가 휘날리는 바람 찬 흥남부두"에서 지금도 굳세게 살아가고 있을까?

홋카이도 강제노동 희생자 유골, 70년 만의 귀향

류석진
서강대 정치외교학과

　　2015년 일본인과 한국인, 재일조선인 그리고
미국과 호주의 시민이 결성한 '강제노동희생자추도·유골봉
환위원회'는 2차 대전 당시 홋카이도 강제노동 희생 조선인
115구의 유골을 일본에서 한국으로 모셔 왔다. 이들은 홋카
이도를 출발하여 일본 열도를 버스로 종단하고, 시모노세키
에서 페리호로 부산에 상륙하여 9월 19일 서울광장에서 장
례를 치른 후, 경기도 파주 서울시립공원묘지에 납골했다.
이 여정은 조선 반도를 떠나 노동 현장인 홋카이도에 도착
한 고인들의 생전 발자취를 거꾸로 밟은 '70년 만의 귀향'이
다. 이 글은 기억의 관점에서 '70년 만의 귀향' 행사의 역사
적 배경과 활동 그리고 현재를 살펴본다.
　　홋카이도 슈마리나이에 세워진 고찰 고켄지光顯寺(사사노
보효 전시관)는 전시하 강제노동의 망자를 추모하며 유골과
위패를 안치해온 역사적 건물이다. 이 전시관은 특히 1940

년대 전반부 홋카이도 각지(슈마리나이 댐, 아사지노 육군비행장, 비바이탄광 등)에서 진행된 강제노동 사료와 유골 발굴의 발자취를 보존·전시하고, 동아시아 공동 워크숍 등 동아시아의 진정한 화해와 평화를 모색하는 공간이었다. 아쉽게도 이 건물은 폭설(2019년 2월)로 눈의 무게를 이기지 못하고 2020년 2월 붕괴되고 말았다.

전시관의 역사를 이야기하려면, 우연한 계기에 숙명과도 같이 강제노동 희생자들을 조우하게 된 승려 도노히라 요시히코殿平善彦(홋카이도 후카가와 이치조지 주지, NPO법인 동아시아시민네트워크 대표) 이야기부터 시작할 수밖에 없다. 도노히라 스님은 우연히 1970~1980년대 고켄지 본당 뒤편에서 희생자들의 위패 80여 개와 조우하고, 생존 주민들의 증

'70년 만의 귀향.' 파주 서울시립공원묘지. ⓒ 류석진.

도노히라 스님(앉은 이)이 사사노보효 전시관에서 조선인
강제노동자 위패를 모시고 제사를 지내고 있다. © 류석진.

언을 토대로 1984년까지 16구의 유골을 발굴하여 고켄지에
안치했고, 1995년 전시관을 개설했다. 이후 한국학자인 한
양대학교 인류학과 정병호 교수와의 만남을 통해 개인적이
고 국지적인 차원에서 진행되던 강제노동 희생자에 대한 유
골 발굴과 조사는 국경을 넘어서는 동아시아의 시민운동으
로 발전하게 된다.

　1989년 가을, 미국 일리노이대학 인류학과 박사과정에서
일본의 보육 시스템을 연구하기 위해 이치조지 절 부설 다
도시 보육원을 1개월간 참여관찰하고 있던 정병호 교수에
게 도노히라 스님이 다음과 같은 이야기를 한다. "홋카이도
각지에 조선인 희생자 유골이 있고 절 근처의 슈마리나이
댐에도 유골이 잠들어 있다. 꼭 유골을 발굴하여 유족에게

돌려드리고 싶다." 당시 박사과정에 있던 정 교수는 "저는 머지않아 한국에 돌아갑니다만, 대학 교수가 되면 학생들을 이끌고 발굴하러 오겠습니다. 그때 당신은 일본인과 재일조선인 학생들을 모아주십시오. 일본, 한국, 재일조선인 젊은 이들의 손으로 유골 발굴을 해보시지 않겠습니까?"라고 제안했다.

나는 지난 1991년 도노히라 스님을 서울 대학로에서 만나 강제노동과 관련된 많은 이야기를 나누었다. 그리고 1989년의 약속은 1997년 한국과 일본의 대학생, 그리고 재일조선인 250명가량이 참가한 '한·일대학생워크숍'이 열리며 본격적인 유골 발굴과 관련한 사료 정리 작업이 이뤄지기 시작했다. 이 워크숍은 매년 한 차례 한국과 일본에서 교대로 개최되면서 일본에서는 유골 발굴 작업을, 한국에서는 유족 찾기와 식민 지배의 기억 모으기 작업을 진행했다. 21세기에 들어서는 대만과 중국 등까지 참여하는 동아시아 공동 워크숍으로 확대 개편했다. 2020년에는 공간을 확대하여 오키나와에서 유골 발굴을 진행했다.

1997년 발굴 초기에는 한·일 간의 민간 교류가, 그것도 대학생 간의 교류는 지금과는 달리 극히 제한적으로 이루어졌고 상대방에 대한 이해는 더욱 제한적이었다. 일주일이 넘는 워크숍 기간 공동의 숙소에서 공동 식사를 하고 같이 발굴 작업과 의사소통을 하던 당시, 한국 대학생들은 역사적 피해자임을 앞세우고, 일본 대학생들은 이에 대해 아예 무지하거나 '그래서 후손인 내가 무슨 책임이 있는가' 등 서로 다양한 감정적인 표출만 있었다.

하지만 공동의 경험이 축적되고 가해자이면서 공동의 피해자이기도 한 전쟁 당시 상황을 이해하고 서로 소통하면서 상호 이해의 폭이 깊어졌다. 지금은 30, 40대인 이 워크숍에 참가한 많은 대학생은 식민과 전쟁의 기억을 공유하며, 평화로운 공동의 미래를 같이 고민하고 만들어가려는 소중한 집단이 되었다.

당시 발굴된 유골의 신원은 밝히기 어려웠다. 별도의 기록이 남아 있는 것도 아니고, 대충 이 근처에 희생자들을 매장했다는 생존 주민들의 기억에 의존하여 진행하는 정말로 주먹구구식의 발굴 작업이 이루어질 수밖에 없었다. 하지만 일본인 다코베야たこべや(감금 숙소) 노동자와 조선인 강제노동 희생자 유골은 비교적 쉽게 구별되었다. 일본인 유골(유품에 숟가락이 없는 경우)은 발굴될 때 얼굴이 전면을 향하고 있는 데 반하여, 조선인 유골(유품에 숟가락이 있는 경우)은 두개골의 윗부분이 전면을 향하고 있었다. 일본인은 사체를 평평하게 누운 자세로 매장했고, 조선인은 얼굴과 무릎을 포갠 상태로 매장했던 것이다. 같은 장소에서 같이 강제노동을 했어도, 죽은 후 매장에서 이러한 민족적 차별(매장에서도 이러한 차별이 있었으니 생존 시의 차별은 충분히 추론이 가능하다)이 있었던 것을 주민들의 증언과 발굴 당시 유골의 형태를 통하여 알게 되었다.

강제노동 희생자를 추모하는 평화디딤돌.
© 사단법인 평화디딤돌.

2015년 '70년 만의 귀향'은 이러한 역사적 과정으로 이루어졌다. 이 행사를 준비하며 한국에서는, 홀로코스트 희생자를 추모하는 독일 행위예술가 군터 뎀니히Gunter Demnig의 '걸림돌Stolperstein'을 한국적 맥락에서 재현한 '평화디딤돌' 모임이 결성되었고, 강제노동 희생자를 추모하는 디딤돌("이 동네 사람 ○○○, 탄생일-사망일(나이), 주소, 일본 홋카이도 ○○○○ 강제노동으로 희생")이 희생자의 탄생지 혹은 거주지에 설치되고 있다. 독일어 걸림돌은 길을 걸어가다가 발에 걸려 길을 내려다보면, 이곳의 주민이었던 유대인이 언제 어떻게 희생되었다는 표지를 발견하게 되면서 홀로코스트의 기억을 되살리자는 의미다. 이를 한국어로 옮기면서 걸림돌이 아니라 평화를 위한 디딤돌이라고 번역한 것이다.

앞에서도 언급했지만 전시관은 폭설로 2020년 2월 붕괴

됐다. 전시하의 파시즘과 군국주의 시대에 일어난 가해의 역사를 기억하고 동아시아의 진정한 화해와 평화를 모색하는, 좁지만 큰 의미를 가지는 공간으로 재탄생시키기 위해 한·일 시민단체의 모금 운동이 진행 중이다. 도노히라 스님은 강제노동 희생자와 자신의 관계를 다룬 개인사를 『유골—말을 걸어오는 영혼의 목소리遺骨: 語りかける命の痕跡』라는 단행본으로 출판했고, 『70년 만의 귀향—홋카이도 강제노동 희생자 유골 귀환의 기록』으로 한국에서 번역 출간되었다. 동아시아의 비극적 역사를 되풀이하지 않고 보다 밝은 미래를 위한 작은 노력들이 모여, 시냇물이 큰 강을 만들듯 역사의 물줄기를 바꿀 수 있는 앞날을 꿈꾸어 본다.

군대와 '위안' 문화의 기억
'위안부'를 다각화하기

허윤
부경대 국문과

1975년 오키나와에 살고 있던 배봉기는 영주권을 신청하기 위해 일본군 '위안부'임을 밝혔다. 오키나와가 일본으로 '반환'될 때, 국적이 없다는 이유로 추방당할 뻔했기 때문이다. 이 장면은 민족과 국가, 전쟁과 섹슈얼리티 문제를 한꺼번에 소환한다. 20세의 배봉기가 끌려갔던 섬 오키나와는 2차 대전 당시 일본군과 미군이 지상전을 벌인 유일한 장소였으며, 일본 본토를 수호하기 위해 다수의 민간인이 전쟁에 동원되거나 자결한 곳이다. 지도상으로는 일본이었지만, 실제로는 일본의 '외부'였던 오키나와에서 배봉기는 시민권 없이 30년을 살았다. 그가 할 수 있는 일은 '위안부,' 날품팔이 정도였다. 이 섬의 투명하고 아름다운 바다 반대편에는 집단 자결지와 위안소, 캠프타운이 있다. 그래서 섬 곳곳에는 전쟁의 역사를 기억하는 전시관이나 기념관이 많다.

그중 특히 일본인이 가장 많이 찾는 곳은 히메유리 위령비다. 이곳을 방문하는 사람들은 무고한 소녀들의 죽음을 통해 전쟁의 무서움과 평화의 소중함을 배울 수 있다고 말한다.

학도대에 참여했던 두 학교의 교지 이름을 따서 만든 히메유리는 '히메'(공주)와 '유리'(백합), 즉 순수하고 고결한 소녀를 상징한다. 당시 고등학생이던 이들은 종군간호사로 전쟁에 참여했다가 전체 223명 중 절반 이상이 사망했다. 상당수는 자결한 것으로 알려졌다. 전후 일본 사회에서 히메유리 학도대는 국가를 위해 희생한 순결한 소녀들로 영웅시되었다. 히메유리는 완전무결한 희생자이자 국가를 위해 싸운 애국자로 기념되었지만, 전쟁이 '꽃다운' 소녀들의 목숨을 앗아 갔다는 평화 담론에는 이들을 자결로 몰고 간 책임에 대한 논의가 부재했다.

히메유리 평화기념자료관의 기념비. © 허윤.

히메유리를 죽인 것은 자결을 명한 일본인가, 오키나와를 침략한 미국인가. 오키나와의 바다에 전함을 몰고 나타난 것은 미국이지만, 그 미군을 불러들인 것은 제국주의 일본이다. 오키나와 역시 1879년 일본에 병합되었다는 점은 책임의 문제를 더 복잡하게 한다. 병합된 지 약 60년 만에 일본의 아시아·태평양전쟁에서 막대한 희생을 치른 오키나와의 지역적 특수성으로 인해 탈식민적 과제가 남아 있는 것이다. 그래서 전면에 강조되는 것은 누구도 이의를 제기할 수 없는 소녀들의 죽음이다.

히메유리를 국가의 영웅으로 만드는 뒤편에 또 다른 소녀들이 있었다. 아시아·태평양전쟁 당시 동원된 일본인 '위안부'는 전쟁배상의 대상에도 포함되지 못했고, 야스쿠니에 안치되지도 않았다. 패전 후 일본은 각지에서 미군 '위안부'를 모집하고 "1억 엔으로 일본 여성의 순결을 지킬 수 있다면 싼 편이다"라는 식의 말을 서슴지 않았다. 이들은 미군 상대로 돈을 버는 성매매 여성인 '팡팡'으로 재현되었다. 마루카와 데쓰시丸川哲史는 『냉전문화론冷戰文化論』에서 포스트워 혹은 포스트콜로니얼 자장에서 '타락한 여인'이라는 테마가 전쟁에 패배하고 식민지를 상실한 남성의 '거세'를 부인하고 그것을 대리 보충하는 역할을 했다고 지적한다.

젠더와 포스트콜로니얼 문제를 연구하는 다마시로 후쿠코玉城福子는 오키나와 평화기념자료관 전시의 개·보수 과정에서 위안소의 지도가 빠지고 A사인바(오키나와 주둔 미군을 위한 술집)의 사람 모형이 없어지는 등 군대와 '위안' 문화에 대한 재현을 축소한 문제를 지적한다.[*] '순결하지 않은' 여자들의 이야기는 기념의 자리에서 언제나 뒷전으로 밀린다.

이러한 기억의 삭제는 한국에서도 나타난다. 국가의 관리 하에 군인을 '위안'하는 제도는 사라지지 않고 한국 사회에 뿌리내렸다. 군인이 있는 자리에는 젊은 여성의 섹슈얼리티가 빠지지 않았다. 미군 '위안부'는 한국과 미국의 동맹을 위해 필수적인 존재였고, 이들이 벌어들이는 외화는 경제 안보의 바탕이 되었다. 해방과 함께 남한 전역에 미군의 주둔이 확정되었고, 기지촌을 중심으로 특수 엔터테인먼트 시설이 자리 잡았다. 돌아오지 못한 일본군 '위안부'를 기억하는 사람은 없었다.

대신에 공론장은 언제나 이들을 타락한 여성이라고 여겼다. 양공주, 유엔마담, '위안부' 등으로 불렸던 여성들은 사치와 허영 때문에 성을 거래하는 어리석은 여성으로 재현되었다. 때로는 영화 〈운명의 손〉(한형모, 1955)에서처럼 공산주의자로 지목당하기도 했다. 우리 마을에 새로 이사 온 '수상한' 사람은 공산주의자일지 모르니 관공서에 신고하라는 의심이 뒤따르던 시절이었다. 외국인과 어울리는 여성은 국가 안보를 해치는 간첩이라는 상상은 자연스럽게 통용되었

• 다마시로 후쿠코, 「오키나와현 평화기념자료관 전시 조작 사건 재고」, 장수희 옮김, 『여성문학연구』 47호(2019).

〈운명의 손〉. ⓒ 한국영화데이터베이스 KMDB.

다. 공무원들은 '당신들은 애국자'라고 치하했지만, 미군 '위
안부'에 대한 폭력과 통제, 감시는 계속되었다. 미군 기지 내
흑인과 백인의 인종 간 갈등도 기지촌 여성들의 책임이었
고, 기지촌 여성들이 해결해야 할 일이었다. '한국인 출입 금
지'의 땅에서 기지촌 여성들은 국민이 아니었다.

요즘 동두천 미군 기지가 축소되고 재개발이 한창 진행
중이다. 동두천시 곳곳에는 시와 경기도미술관 합작으로 추
진한 그래피티를 통한 도시 재생 프로젝트가 곳곳에 포진되
어 있다. 이 중 가장 눈에 띄는 것은 한복을 입고 누워 있는
소녀 옆에 꽃이 놓인 작품이다. 미술관은 동두천의 역사를
위로하기 위한 작품을 만들어달라고 요청했고, 작가는 미군
'위안부' 할머니들을 인터뷰한 뒤 "당신의 인생이 꽃보다 더
아름답다"는 뜻을 담아 작업을 완성했다. 처음 이 작품을 보

동두천시 보산동 한 클럽 건물의 그래피티 〈꽃보다 예쁜〉. ⓒ 경향신문.

앞을 때, 나는 반미 문화운동을 하는 작가가 남한을 여성으로 표상하여 희생자로 재현한 민중미술인 줄로만 알았다. 언제나 '조국'은 한복 입은 여성의 몸을 통해 식민의 역사를 기억해왔기 때문이다. 하지만 이 작품은 나의 예상을 빗나갔다. 동두천 한복판에 있는 '꽃보다 예쁜' 한복 입은 소녀는 동두천의 이미지를 진작시키기 위해, 즉 기지촌의 이미지를 벗고 문화관광도시로 거듭나기 위해 선택된 작품이라는 것이다.

　'할머니'가 된 미군 '위안부'를 위로하기 위해 젊은 한국 여성을 꽃으로 재현하는 것은 기지촌과 기생관광의 기억을 가진 한국 사회에서 위로와 위안이 될 수 있을까. 당신의 인생은 충분히 가치 있는 것이었다며 위로하는 데 꽃과 같은 젊은 여성을 등장시키는 것은 그야말로 아이러니하다. 그

여성의 젊음과 바꿔 동두천이 번영했고, 오늘날 그들의 생존권과 바꿔 재개발을 진행하고 있기 때문이다.

동두천은 이제 더 이상 미군에게 위로와 위안을 제공하는 공간이 아니라며 해외에서 인정받은 그래피티 아티스트의 작품을 내놓은 도시 재생 사업은 미군 기지와 군 '위안부'를 둘러싼 기억을 이미 지난 일로 삭제한다. 현재화된 고통도 생존 투쟁도 사라지고, 젊은 사람들이 부담 없이 방문할 수 있는 관광도시가 되는 일만 남는다. 오키나와 평화기념자료 관에 위안소 지도나 A사인바를 걷는 '팡팡'이 필요 없는 것처럼 말이다.

한 외국의 예술 전문 사이트는 이 작품을 두고 "달콤하고 몽환적sweetness and dreaminess"이라고 평한다. 동두천과 젊은 여성의 역사적 맥락이 소거된 이 작품은 그래피티 아티스트의 한복 입은 여성 연작이 될 뿐이다. 이 연작은 미국을 비롯한 세계 각지에서 한복의 아름다움을 뽐내고 있다.

지금 문화관광도시 동두천에는 만화 캐릭터와 꽃이 넘실거린다. 하지만 한복을 입은 젊고 예쁜 여성을, 심지어 누워 있는 여성을 관광도시의 아이콘으로 삼는 것은, 젊고 아름다운 여자들을 쉽게 만날 수 있다며 기지촌과 기생관광을 홍보하던 한국의 역사로부터 벗어날 수도 없고 벗어나서도 안 된다. 군대와 '위안' 문화에 대한 반성 없이 동두천의 기억이 위로받을 수 없다는 것을 〈꽃보다 예쁜〉은 오히려 적확하게 보여주고 있다.

군대와 '위안' 문화는 '당신은 애국자'라는, '꽃보다 아름답다'는 말로 치환될 수 없다. 여성의 기억을 재현하고 해석하는 그 방식부터 바꿔야 하는 것이다. 이 경험을 함부로 '아름답다'고 말하지 말라. 지금도 누군가는 기지촌에서 바로 그 '꽃보다 아름다운' 삶을 살고 있다.

2부 국가로부터

풀뿌리 항쟁의
'이름' 없는 진짜 주역들

김정한
서강대 트랜스내셔널인문학연구소

영화 〈김군〉의 반전은 아무도 '김군'의 이름을 알지 못한다는 데 있다. 북한군 광수로 지목된 사진 속 인물은 무등갱생원 출신의 고아로 다리 밑에서 넝마주이를 하다가 시민군으로 활동했고 계엄군에 의해 사살됐다. 그는 당연히 북한군이 아니었지만, 소리 없이 사라진 사람이었다. 항쟁이 진압된 후 신분이 확인되지 않은 사람들은 사상자 명단에 오르지 못했고, 가족과 친지가 없는 이들은 실종자 명단에도 등록되지 못했다. 한때 '구두닦이, 넝마주이, 술집 웨이터, 부랑아, 일용품팔이'는 민중론을 입증하는 항쟁의 주역이라고 여겨졌지만, 1980년대식 민중운동이 쇠퇴한 후에 밑바닥 하층민이었던 그들은 복면을 쓰고 총을 든 '알 수 없는 사람들'이 되었다. 5·18민주화운동 40주년이 지난 오늘날에도 여전히 정상적인 시민이 아닌 '시민 이하의 존재'를 어떻게 기억해야 하는지에 대해서는 의문부호가 붙어 있다.

　신군부는 무등갱생원에서 왜 그렇게 많은 이들이 항쟁에 참여했는지 의혹을 갖고 '빨갱이'들을 여기에 결부하고 싶어 했지만, 그런 것이 있을 리가 없었다. 무등갱생원에서 초등학교 졸업 때까지 살았던 박래풍은 구두닦이, 자개공, 식당 종업원 등으로 일하다가 1980년 스물셋에 화순버스터미널에서 구두닦이와 매표소 일을 했다. 버스터미널에 있어서 소식이 빨랐다. 5월 18일 광주에서 온 사람들에게 공수부대가 사람들을 때리고 잡아간다는 말을 듣고 분해서 다음 날 친구와 함께 광주로 갔다. 금남로에서 처음 시체를 보고 피가 거꾸로 솟았다. 데모를 하고 군인들과 맞섰다.

　돌도 던지고 몽둥이도 던지면서 힘껏 싸웠지만 도저히 이길 수 없을 것 같고 겁이 나서 화순으로 돌아가려다가, 5월 21일 상무관 앞에서 한 여학생의 참혹한 시신을 보고는 계엄군이 철수한 도청으로 들어갔다. '이래서는 안 되겠다'는 생각에 사람들과 경찰이 모두 떠난 화순역전파출소로 가서 총을 나눠 가졌다. 도청에서는 시신들을 옮기고 옷을 입혀 관에 넣는 일을 했다. 5월 27일 새벽 도청 2층 강당에서 지키고 있다가 수류탄을 던지며 쳐들어오는 계엄군에게 붙잡혔다. 상무대, 화순경찰서, 교도소에서 빨갱이라 불리며 비인간적인 만행을 수없이 견뎌야 했다. 그는 '국민을 지켜야 할 군인이 무엇 때문에 죄 없는 시민을 무참히 죽였을까'라는 억울한 마음으로 시민군 활동을 했다고 말했다.

영화 〈김군〉 스틸컷. ⓒ 영화사 풀.

염동유는 어려운 가정 형편으로 중학교를 그만두고 열넷에 광주로 와서 생활 전선에 뛰어들었다. 양장점 일과 중국집 배달을 하다가 이곳저곳에서 다방 주방장을 했고 돈을벌면 으레 시골집에 보냈다. 먹고살기에 급급해 정치에는관심이 없었다. 1980년 5월에는 삼화다실에서 숙식하며 주방장을 했다. 손님들이 공수부대가 투입되어 무참히 때린다는 얘기를 했지만 믿지 않았다.

5월 20일 선배가 있는 양지다방에 갔다가 군인들이 사람들을 방망이로 무자비하게 두들겨 패는 것을 직접 보고 나서는 믿지 않을 수 없었다. 공수부대 철수를 외치며 시위에참가했다. 하지만 밤에는 군인들이 언제 들이닥칠까 무서워 잠을 제대로 못 잤다. 5월 21일 전남매일신문 앞에서 총을 맞아 피를 흘리는 청년을 목격하고 이제는 정말 군인들을 내쫓아야 한다고 생각했다. 도청에 가서 무기 회수도 돕고 시체를 지키기도 하고 외곽 지역 순찰도 했다. 5월 27일 새벽 도청 정문 밖에서 경비를 서고 있다가 계엄군의 총소리에 기가 질려 총을 던졌다. 상무대에서 장작개비로 구타를 당하고 숱한 고문에 다리가 불편해졌다. 5·18을 겪은 후에는 의식에 변화가 생겨 정치를 대강이나마 알 수 있었고 학생들이 데모하면 관심 있게 바라보고 동참했다.

'김군'과 마찬가지로 박래풍과 염동유는 기동타격대에 지원했다. 5월 26일 수습파를 몰아내고 항전파가 도청을 장악한 후 결성된 기동타격대는 외곽 지역을 순찰하며 계엄군의 동태를 파악하고 시내 치안을 담당했다. 대부분 마지막까지 도청에 남았다. 계엄군은 이들을 A급 폭도로 분류했고 무조건 빨갱이로 취급했다. 그러나 그들은 빨갱이와 무관했고 북한군도 아니었다.

단지 가난하고 배우지 못해 변변찮은 돈벌이라도 찾아야 하는 고단한 삶을 살다가 공수부대의 폭력과 마주했다. 우리나라 군대가 시민들을 지키고 보호해야 하는데도 오히려 폭력을 휘두르는 것을 보고 군인들이 우리 편이 아니라 적이라는 생각을 갖게 되었을 뿐이다.

기동타격대는 도청 상황실에 제보가 들어오면 가서 확인해 조치를 취하고 조사실에 인계했다. 간첩이 나타났다고 신고가 들어와 출동하기도 했고, 강도 신고가 들어와 급히 가보기도 했다. 기동타격대에 참여한 사람들과 그들의 역할

금남로를 가득 메운 시민군들과 차량들. 『경향신문』(1980. 5).
ⓒ 민주화운동기념사업회 오픈아카이브.

도청 앞 광장에 희생자들의 관을 옮기는 유가족들. 『경향신문』(1980. 5).
ⓒ 민주화운동기념사업회 오픈아카이브.

은 '극렬분자'와는 거리가 멀었다. 잔혹한 폭력을 휘두르고 총을 쏘는 공수부대를 철수시키고 사람들을 지키고 싶었다.

항쟁이 끝난 뒤 무등갱생원은 폐쇄되고 그 많던 넝마주이와 부랑자는 광주에서 사라졌다. 현재 광주시에 행방불명자로 242명이 접수되었지만, 연고자가 없는 사람들은 신고 자체가 불가능해 정확한 인원은 확인되지 않는다. 계엄군에 의한 암매장 의혹이 수차례 제기되었지만 유해 발굴은 미궁에 빠져 있다. 1983년경부터 알음알음 만들어진 '기동타격대모임'은 무엇보다 행방불명자를 찾고 암매장 시체를 발굴하는 데 힘을 모았지만 보람은 없었다.

지난 40년 동안 '김군'과 같은 익명의 사람들은 서서히 잊혔고, '가난하고 무식한 자들'로 구성된 기동타격대는 국가의 기억이 5·18을 민주화운동으로 명명할 때 그 안에서 자리를 잡지 못하고 밀려났다. 대학생들은 신원이 확실했지만, 그들은 누가 누구인지 분명하지 않은 무장 세력으로서 민주화와 어떤 관계에 있는지 불투명했다. 5·18의 민주화 담론에서 배제된 사람들이 오늘날 북한군이라는 오명을 쓰고 있는 이유다.

『녹두서점의 오월』에 실린 증언을 보면, 5월 21일 오후 1시 도청 앞에서 계엄군의 집단 발포와 학살이 일어나자 윤상원을 비롯한 녹두서점 사람들은 투쟁 상황이 끝났다고 판단하고 살아서 만나자고 약속하며 뿔뿔이 피신하려 했다. 그러나 시외로 도피하는 도중에 트럭에 탄 사람들이 총을

들고 있는 것을 목격하고 발길을 돌려 다시 녹두서점으로 모였다. 구두닦이, 넝마주이, 갱생원 출신들이 흩어지지 않고 새로운 싸움을 시작하는 것을 깨닫고 그냥 떠날 수가 없었다. 이렇게 5월 27일 최후의 항전이 이루어졌다. 광주의 하층민들은 그저 국가폭력의 희생자가 아니라 항쟁의 마지막 주체였다.

하지만 5·18에 대한 정부의 보상 정책이 집단 보상이 아니라 개인 보상으로 귀결하고 개별적으로 희생자임을 증명해야 하는 과정에서 항쟁의 주체라는 역사적 가치와 진실은 적합하게 평가되지 못했다. 국가의 기념이 화려해지고 사회의 기억이 빈곤해질수록 5·18의 저항 정신은 소리 없이 사라져 더는 들리지 않을 것이다.

'국풍81'의 기억과 1980년대 문화정치

배주연

서강대 트랜스내셔널인문학연구소

우리 문화에의 애착이 뿌리내릴 터전을 마련하고, 젊음의 지성과 낭만을 펼칠 마당을 마련하여 '국풍81'이라 이름하고 전국 대학생과 시민이 동참하는 큰 잔치를 열고자 합니다. 5월의 대지 위에 신록과 훈풍이 나부끼는 젊은이의 광장 서울 여의도 광장에서 5월 28일(목)부터 6월 1일(월)까지 다채로운 행사와 젊음의 열기 속에 이 축제는 펼쳐질 것입니다(『경향신문』 1981년 4월 24일자 1면).

1980년 광주에서 5·18을 폭력적으로 진압한 신군부는 같은 해 8월 27일 11대 대통령 선거를 통해 정권을 잡는다. 그리고 광주를 무력으로 진압한 지 꼬박 1년이 지난 1981년 5월 28일 전국 대학생 민속·국학 큰 잔치 '국풍81'을 개최한다. 전년도 한국방송공사KBS에 통합된 동양방송TBC의 '전국대학축제 경연대회'를 확장하여 KBS가 주관하는 모양새를 띠었지만, 실질적으로는 당시 청와대 정무제1비서관 허

문도 주도로 5공화국 정부가 기획한 관제 행사였다. 5일간 개최된 이 행사에는 주최 측 발표에 따르면 연인원 1000만 명이 참여했고, 총 250여 개의 대학 공연팀이 참가했다. 각종 민속놀이와 더불어 굿판, 팔도 명산물 시장, 연극제, 씨름판 등이 벌어졌고, 카퍼레이드와 불꽃놀이 등의 이벤트, 국내외 가수들의 초청 공연이 이어졌다. 그중에서도 가장 인기를 끌었던 건 젊은이 가요제였는데, 총 130여 개 팀이 참여했고, 〈잊혀진 계절〉로 유명한 가수 이용이 이 대회에서 금상을 수상하며 데뷔했다. 주변 버스 노선이 여의도까지 연장 운행됐으며, 여의도 주변에는 통금도 일시적으로 해제되었다.

이 행사는 날짜 선정에서부터 기획 의도까지 다분히 5·18 1주년을 의식한 것이었다. "소요 사태"의 주범이던 대학생들이 "창조와 활력의 원천"(〈전국 대학 총학장을 위한 만찬 격려〉, 대통령 연설문, 1981년 1월 13일)이 되어 문화의 한마당을 펼치는 그림이 필요했다. 그러나 연일 성황이라는 뉴스 보도와는 달리, 정작 대학생들의 참여는 저조해 군대에 가 있는 대학생들이나 농악반, 탈반 출신의 공무원 등이 동원되기도 했다. '민속 문화'를 내건 행사에 걸맞지 않게 외국 그룹사운드를 초청해 언론으로부터 빈축을 사기도 했고, 대학생 출연독려나 공연팀 섭외에 막대한 예산을 사용해 행사 직후 야당으로부터 공세를 받기도 했다. 특히 5·18 1주년이 되는 시점에 진행된 행사라는 점에서 그 시기와 성격이 문제시되었다.

'국풍81.' ⓒ 경향신문.

하지만 언론은 '국풍81' 반대 시위를 벌이던 대학생들을 축제를 망치려는 '극소수의 한심한 대학생들'이라며 원색적으로 비난했다. 몹시 성공적이었다는 자체 평가에도 '국풍81'이 1회로 끝난 데에는 이런 이유들이 있었으리라.

그러나 비록 단발성으로 끝나긴 했지만 '국풍81'은 1980년대 3S(Sex, Sport, Screen)로 대표되는 5공화국 문화정치의 시작을 알리는 신호탄이었다. 박정희의 발전민족주의를 변환하여 전두환은 창조적 민족주의를 내세우며, 전통문화, '민족문화 창달'을 강조했다. 그러나 박정희식 발전민족주의가 노동력 착취를 통한 생산력의 증가를 추구했다면, 5공화국이 내건 '창조적 민족주의'의 '창조'는 소비의 판타지를 창조하는 것이었다. 이를 위해 5공화국은 '새 시대, 새 질서'에 걸맞은 새로운 감각을 요구했고, 스펙터클의 소비자로서 대중을 호명하기 시작했다. KBS를 통해 생중계되다시피 한 '국풍81'에서 '젊은이들'의 축제를 즐기기 위해 운집한 대규모의 군중은 그 자체로 하나의 스펙터클이 되었다. '문화를 향유하는 세대의 출현'이라는 이미지는 전파를 타고 안방으로 전해졌다. 1980년 12월 31일 언론 통폐합을 통해 '거대 방송 왕국'이 된 KBS(MBC의 지분도 60퍼센트 가지고 있었기에 사실상 단 하나의 방송국만이 존재한다고 해도 무리가 아니었다)는 TV 프로그램을 대형화하기 시작했다. '국풍81' 역시 이런 기획의 일환이었다. 당시의 가구당 TV 보급률은 85퍼센트에 달했다. 게다가 1981년엔 컬러 TV의 시대가 열렸다. 컬러 TV는 이미 1970년대 중반부터 국내에서 생산되어 해외에 수출되고 있었지만, 사치 심리를 조장한다는 이유로 국내에서는 판매가 금지되었다. 그러다 1980년 8월 1일을 전후하여 삼성전자, 금성, 대한전선의 시판 규제 기한이 끝남과 동시에 국내 판매가 시작되었고, 같은 해 12월 1일 KBS 1TV는 대한민국 최초의 컬러 TV 방송을 시작했다. 고가의 가전제품이었지만, 판매 시작 후 1년 만에 100만 대가 팔렸을 정도로 인기가 높았다. '국풍81' 역시 총천연색 화면을 타고 전국 방방곡곡에 중계되었다. 그렇게 현실의 흑백 세계는 컬러풀한 전환을 요구받았다.

한편 축제가 한창이던 1981년 5월 프로야구 출범도 함께 논의되고 있었다. 지역 연고의 재벌을 구단주로 하여 이듬해 정식 출범한 프로야구는 졸속 준비에도 불구하고 출범과 동시에 연일 매진 사례를 이어갔다. 1983년에는 프로씨름이 출범했다. 컬러 TV 시대에 맞춰 씨름 선수들의 팬티는 흑백의 무명천에서 빨강, 파랑 등으로 다채로워졌다. 프로스포츠는 큰 인기를 얻었고 박철순, 이만기와 같은 스포츠 스타들은 광고주들의 캐스팅 1순위가 되었다. 그리고 그 절정에 88서울올림픽이 있었다. 1981년 9월 30일 구舊 서독의 바덴바덴에서 서울올림픽 개최가 확정된 후, 5공화국의 시계는 1988년을 향해 있었다. 당시 서울올림픽 조직위원장이었던 노태우는 이명박, 이건희, 김승연, 김우중과 같은 재벌 총수들을 불러 모아 각종 스포츠 협회와 연맹의 회장직을 맡겼

한국 프로야구 창단 개막 경기 시구. ⓒ 경향신문.

다. 올림픽에서 성적이 잘 나오는 종목은 세무조사를 면해 주겠다는 웃지 못할 농담을 건넸다고 한다. 해외여행 한 번 가본 적 없는 국민이 대다수였지만, 국민들은 외국인의 눈으로 스스로를 보길 요청받았고, 원곡을 부른 가수조차 이해하지 못했다던 "강물에 유람선이 떠 있는" 풍경을 상상해야만 했다. 그리고 88서울올림픽을 하루 앞둔 밤, 성공적 대회를 기원하는 축포가 5공화국의 또 다른 도심 스펙터클의 상징이었던 63빌딩의 화려한 유리 외벽 위로 뜨겁고도 화려하게 투영되었다.

그러나 시각적 쾌락을 극대화한 5공화국의 스펙터클은 '가시권의 단속'을 통해 가능한 것이었다. '국풍81'이 개막하던 날, 서울대학교 경제학과 학생이던 김태훈 열사의 투신 소식이 몇몇 신문에 실렸지만, 그의 죽음을 광주와 연결

짓는 언론은 없었고, 그마저 '국풍81' 기사에 묻혀 조용히 사그라들었다. 1980년 광주에서 있었던 신군부의 무자비한 폭력과 시민들의 저항은 5공화국 내내 '광주사태,' '북괴의 획책'이라는 의도적 유언비어들 속에 발화가 금지된 주제가 되었다. 올림픽 개최가 결정된 이후에 서울 도심은 대대적인 재개발 사업에 들어갔다. 동시에 '미관상 좋지 않은 것들'은 모조리 정비 사업의 대상이 되었다. 다큐멘터리 〈상계동 올림픽〉에 등장하는 한 철거민이 호소하듯, 고작 1분도 안 걸리는 성화 봉송을 위해 성화가 지나는 길 주변 판자촌 사람들은 한겨울에 거리로 나앉아야 했다. 학생들의 시위는 해외에서 오는 손님들에게 '어지러운 집안 사정'을 보여줄 수 없다는 말로 진압되었다. 연일 언론을 통해 보도되는 '화려한 스펙터클'은 무엇이든 살 수 있는 '자본' 창조의 심상을 심어주었지만, 그 스펙터클의 이면에서 수많은 사람들이 짓밟히고 울분을 삭이고 싸우고 죽어갔다.

　2019년 서울독립영화제에서 서울대 영화 동아리 얄라셩의 '8밀리' 기록영화 〈국풍〉이 약 40년 만에 복원되어 공개되었다. 공개된 영상 속에 그려진 '국풍81'은 TV에서 보던 화려한 모습이 아니었다. 젊은 배우의 웃음도, 활기 넘치는 대학생들도 필름 속에는 없었다. 대신에 장터를 지키는 이들의 무료한 표정과 사람들이 떠나간 자리의 을씨년스러운 풍경이 그 자리를 채웠다. 낮은 녹음 품질 때문에 현장 인터뷰를 녹취해 다시 읽어가는 대학생들의 목소리에서는 국풍의 기치였던 '청년의 열熱과 의지와 힘'이 아닌 냉담함과 무력감과 당혹스러움이 느껴졌다.

　최근, 당시 그들이 느꼈을 당혹감을 다시 한 번 상기시키는 일이 있었다. 2021년 겨울, 5·18민주화운동에 대해 어떠한 책임 인정도 사과도 하지 않고 전두환이 생을 마감했다는 소식에 많은 이들이 울분을 삼켰다. 그러나 매듭짓지 못한 진실 규명이 과거완료를 의미하지는 않는다. 화려한 스펙터클로 가리려 했으나 가리지 못한 기록의 푸티지가 복원되어 우리에게 돌아온 것처럼, 여전히 이야기는 쓰이고 기록되어 제 모습을 드러낼 것이다. 자, 그렇다면 이제 어떻게 이야기를 이어갈 것인가?

5·18 그리고 '철의 폭풍,' 희생의 연대는 가능한가

이영진
강원대 문화인류학과

       2017년 가을 광주에서 열렸던 국제 포럼의 한 세션 '국가폭력과 인권'의 발표자로 오키나와의 작가 메도루마 슌目取真俊을 초청한 적이 있다. 일면식도 없고 한국에 온 적도 없는 메도루마에게 이메일을 보내면서, 우리가 유일하게 믿었던 구석은 포럼이 열리는 도시가 '광주'라는 것이었다. 몇 번의 연락 끝에 겨우 승낙의 답변을 들을 수 있었다. 그 과정에서 그가 초청을 고사했던 가장 큰 이유가 당시 헤노코 기지 투쟁의 긴박한 상황 때문이기도 했지만, 포럼의 장소가 바로 '광주'이기 때문이라는 사실도 알게 됐다. 류큐대학 재학 시절인 1980년 당시 그는 문화제에서 '광주 비디오'를 상영한 적이 있다고 조심스레 털어놓았다. 20대 시절에 보았던 5월 광주의 풍경은 그에게 어떤 앙금으로 남아 있는 것일까. 그로부터 37년이 지난 지금 광주의 모습을 자신의 눈으로 직접 확인하는 것도 좋지 않겠는가라고 조심스레 말을 꺼냈고, 마침내 그는 초대를 승낙했다.

　메도루마의 발표 주제는 '얀바루ゃんばる의 자연과 문화, 오키나와전투, 미군 기지 문제'였다. 간간이 뉴스 국제면을 통해 들려오는 헤노코 기지 소식에 관심을 기울이기는 했지만 사실 '자신의 일'이 아니라는 핑계로 넘겨듣고 있던 차에, 현장의 슬라이드 사진과 함께 투쟁 현장을 열정적으로 보고하는 메도루마의 강연을 듣고 있노라니, 오래전 보았던 켄 로치Ken Loach 감독의 영화 〈랜드 앤드 프리덤Land and Freedom〉의 첫 장면이 불현듯 떠올랐다. 스페인내전의 슬라이드를 영국의 노동자 집회에서 보여주며 이 전쟁이 결코 스페인에 국한된 것이 아니라며, 우리의 전쟁을 당신들의 전쟁으로 만들라고 호소하던 한 민병대 장교의 모습이.

　통과 금지No Pasarán! 매일 기지 정문 앞에서 자재 반입 트럭을 몸으로 막아내며 연좌 농성을 하는 주민들, 해상에서 카누 투쟁을 하는 어민들의 싸움은 실로 전쟁 그 자체였다. 데모 주동자에 대해 법원의 판결이 내려지기도 전에 150일간 구류를 행하는 것이 전혀 문제시되지 않는 상황은 전후 일본이 자랑해온 '평화헌법'의 정지, 즉 '예외상태'를 의미한다. 그리고 그러한 예외상태의 공백 지대를 채우고 있는 것은 오키나와에 대한 본토의 뿌리 깊은 차별 의식과 편견, 그리고 경찰기동대의 언어적, 물리적인 폭력이었다.

　하지만 발표가 끝나고 강연장을 뒤덮었던 것은 '침묵'이었다. 아니 '연민'이었는지도 모른다. 그 침묵과 연민의 정체

오키나와대학 건물 옥상에서 바라본 후텐마 미군 기지 전경. ⓒ 이영진.

를 규명하기는 쉽지 않을 것이다. 하지만 적어도 그것은 결코 폭력에 대한 분노, 그리고 오키나와의 현실에 대한 무언의 공감 같은 것이 아니었다. 어쩌면 현장에서 그의 발언은 '오키나와 문제'로 정리되고 있었는지도 모른다. 아픔과 관련한 경험을 한정된 사람들에게 숙명처럼 떠맡기고는 양심이나 연민에 근거해서 혹은 때로 정치적 슬로건과 함께 아픔을 이야기하는 구조로서의 '— 문제' 말이다. 그 속에는 미쳐버리지 않기 위해 살아온 이들의 말들 혹은 침묵들과 펜스의 바깥에서 이들을 관찰하는 지극히 이성적이고 윤리적인 말들 사이의 균열, 불협화음, 어쩌면 영원히 건널 수 없는 간극이 깃들어 있다.

왜 당신들은 모른 척하고 있는가. 1980년 5월 이후 한국 사회에서 광주라는 도시가 이야기되어온 방식, 소위 '광주 문제'가 구성되어온 방식과 동일하지 않은가. '우리'도 똑같은 외로움을 견뎌내며 살아오지 않았는가. 발표를 마친 그의 표정에 깃든 왠지 모를 피곤과 고독을 훔쳐보면서, 한동안 나는 다시 그를, 그가 어디선가 토로했듯이 "지치고 상처받고 침묵의 늪에 빠져들게" 만들어버렸다는 무력감에 시달렸다. 한때 우리도 느꼈던 고독과 상처가 광주에서도 여전히 대물림될 수밖에 없는 현실에 대한 부끄러움 같은 것이었는지도 모르겠다.

메도루마와 같은 오키나와 작가들에게 80년 5월 광주의 학살, 나아가 항쟁에 대한 동시대적 공감이 있었던 것은 근현대사에서 그들이 겪은 비극적 역사에 대한 오랜 성찰이 있었기 때문이다. 아시아·태평양전쟁의 막바지인 1945년 3월부터 6월까지 전개된 전투에서 오키나와는 섬 전체 인구의 약 3분의 1에 해당하는 민간인들이 이른바 '철의 폭풍'에 휘말려 희생된 비참한 역사를 가지고 있다. 광주의 5월이 그러하듯 경험이 말을 압도해버리는 이 엄청난 사건 이후, 이를 언어화하고 의미를 부여하는 작업의 출발은 항상 '문학'이었다.

전후 오키나와 문학의 이채로운 지점은 일본 본토·미국(가해자) vs 오키나와(피해자)라는 이분 구도에 빠지지 않고 자신들의 전쟁 체험을 끊임없이 성찰하며, 중첩되는 폭력과 그 연루에 대한 문제의식을 심화해왔다는 점이다. 메도루마 외에 많은 오키나와 작가들의 작품에는 당시 미군과 일본군 사이에 끼어 이중의 폭력을 감내해야 했던 오키나와인 외에 어둠 속에 가려진 또 다른 이질적인 존재들이 등장한다. 머나먼 이국땅에서 최소한의 은신처마저 찾지 못한 채 '철의 폭풍'에 휘말려 죽어간 조선인 '군부,' 조선인 '위안부' 등의 존재들이다. 무엇보다 이러한 인종적·종족적 위계 구조 속에서 중첩된 폭력의 최대 희생자는 조선인 '위안부' 여성일 것이다.

그런 점에서 과거를 상기한다는 것은 결코 내적 성찰이나 회고와 같이 평온한 행위가 아니다. 상기한다는 것은 오히려 현재라는 시대에 아로새겨진 정신적 외상에 의미를 부여

수학여행 코스인 히메유리 위령비에 참배하러 온 일본 고등학교 학생들. ⓒ 이영진.

하기 위해 조각난 과거를 다시 일깨워 re-membering 구축하는, 엄청난 고통을 수반하는 작업이다. 그 상기의 과정을 통해 오키나와의 순수한 희생을 재확인하는 것을 넘어, 조선인 위안부 유령의 원한 서린 목소리를 들으면서 과거의 진실과 마주하고자 하는 힘든 싸움을 계속해온 것이야말로 전후 오키나와 문학장의 성실함이다.

다가오는 6월 23일은 오키나와 위령의 날 75주년이다. 당시 오키나와에 주둔했던 제32군 사령관 우시지마 미쓰루牛島満가 자결함으로써 일본군의 조직적 저항이 끝난 이날을 오키나와는 '위령의 날'로 기념하고 있다. 전쟁이 끝난 지 75년의 세월이 흘렀지만 오키나와는 여전히 미군 기지 문제를 둘러싼 투쟁이 진행 중이다. '태평양의 요석'이라는 허울 좋은 이름 아래 일본 '본토'의 0.6퍼센트에 불과한 면적에 전체 미군 기지의 74퍼센트를 떠맡고 있는 것이 문제의 근원이다. "일본이 오키나와에 속한다"는 소설가 오에 겐자부로大江健三郎의 말은 이런 모순적 상황에 대한 풍자이자 본토 지식인으로서 부끄러움의 표현처럼 들린다.

왜 지금 오키나와인가. 그러한 물음을 갖게 된 것은 광주행을 주저하던 메도루마가 털어놓았던 80년 광주를 향한 마음을 떠올리면서부터였다. 한국전쟁 당시 한반도를 폭격하기 위해 자신들의 섬에서 출격했던 미군기를 바라보며 공포를 느꼈던, 그리고 20여 년 후 마찬가지로 베트남의 무차별 폭격에 자신들의 섬이 연루되어 있다는 사실을 자각하며 가장 거센 반미 투쟁을 전개했던 오키나와 사람들에게 80년 5월 당시 신군부를 지원하기 위해 부산 앞바다에 정박한 미군 함대는 어떻게 비쳤을까.

한국 사회의 민주주의가 80년 5월 광주에 많은 것을 빚지고 있다는 것은 부정할 수 없다. 동시에 80년 이후 광주는 한국 사회, 나아가 전 세계에 많은 부분 빚져온 것도 사실이다. 어쩌면 광주는 5월 이후 만들어진 전 세계적인 '부끄러움의 공동체'가 기꺼이 내주었던 진정성의 선물gift을 가장 많이 받은 도시라고도 할 수 있다. 이제 그들로 하여금 광주를 기억하게 하는 동시에, 광주 역시 지금 한국 사회, 나아가 전 세계의 약자들, 소수자들에게 기꺼이 품을 내주고 이를 공론화하는 데 앞장서야 하는 새로운 의무를 부여받고 있는 것이 아닐까. 그러한 의무를 수행해나갈 때 비로소 광주는 지금의 젊은 세대들에게도 교과서에나 나오는 박제화된 화석이 아니라 '영원한 청춘의 도시'로 자리매김될 수 있을 것이다.

기억의 전쟁터, 국사교과서와 지도

서강대 사학과

"… 아까 '유리'와 '불리'를 말씀하셨는데, … 그 지도를 통해서 우리 역사를 해석하고 구성하는 것입니다. 유리하고 불리하다는 게 어떤 기준인지 잘 모르겠습니다만 역사적 사실, 팩트에 대한 접근이라는 것이 모든 학문의 가장 기초라고 생각이 됩니다"〔제332회 국회 동북아역사왜곡대책특별위원회 회의록 제32호(2015년 4월 17일), 12쪽, 참고인 임기환 답변 중〕.

때때로 전설 혹은 신화가 역사를 이길 때가 있다. 신화나 전설을 역사로 만들고자 하는 사람들에게 '국사교과서'는 늘 수복해야 할 고토 같은 것이었다. 따라서 교과서는 때때로 역사적 기억들이 경쟁하는 큰 전쟁터가 된다. 전쟁터 안에서도 지도의 영역은 더욱 첨예한 최전선이 되곤 한다. 아마도 2차원 평면을 가르는 선이 보여주는 강력한 가독성 때문일 것이다. 토끼나 호랑이로 상상되는 '지리적 신체'의 일부가 떨어져 나가거나 오염되는 것을 참지 못하는 대중의 욕망 또한 이 싸움을 더욱 부추겨왔다.

'민족문화 창달'을 내걸고 여의도 광장을 달구었던 '국풍 81'의 열기가 늦가을 한기와 함께 기억 속에서 식어갈 무렵, 여의도 한쪽에서는 '민족사 복원'을 위한 새로운 이벤트가 벌어졌다. 1981년 11월 26~27일 이틀에 걸쳐 국회에서는 '국사찾기협회 회장 안호상 등의 국사교과서 내용 시정 요구에 관한 청원'으로 인해 공청회가 열렸다. 진술인으로 소환된 당시 내로라하는 역사학자들에게 수모를 안긴 이 공청회는 학계의 트라우마로 남았지만, 상대편에는 작은 승리를 안겼다.

당시 한 국회의원의 취지 설명을 통해 소개된 안호상 등의 청원 요지를 옮겨보면 다음과 같다. "첫째로 현 국사교과서는 국조 단군을 부정함으로써 민족과 민족사적 정통성을 부정할 우려가 있고, 둘째로 현 교과서에는 식민사관에 의해 왜곡된 사실이 있어 민족적 자긍심의 형성에 심한 해독을 끼치고 있으며, 셋째로 1974년 국사를 바로 찾으려고 했으나 역시 식민사관을 탈피하지 못했다는 것입니다."

이렇게 시작된 이른바 '국사(교과서) 파동'은 1980년대 내내 역사학계를 괴롭혔고, 이후 전설이 승리하는 발판을 놓았다. 1984년 초판 『사회과부도』에는 한반도 북부를 점거한 '한군현의 위치'라는 지도가 게재되었는데, 이후 교과서나 『사회과부도』에서 한사군을 명시한 지도는 사라졌다. 그

2013년 5월 28일 서강대 동북아역사지도편찬실 개소식에서
'동북아역사지도편찬위원회' 액자를 제막하고 있다.
당시 동북아역사재단 이사장도 참여했다. ⓒ 정면.

리고 제7차 교육과정에 따른 고등학교 국사교과서(국정)
가 2007년에 일부 수정되었는데, "『동국통감』, 『삼국유사』
에 의하면 단군왕검이 고조선을 건국하였다고 한다(기원전
2333년)"는 이전의 서술이 "…건국하였다(기원전 2333년)"로
바뀌었다. 단군신화가 역사로 서술된 것이다.

2016년에도 역사는 반복되었다. 학계의 관심 속에 2008
년부터 2015년까지 8년간 야심 차게 진행되었던 '동북아 역
사지도 편찬 사업'이 결국 무산되었다. 이 사업은 2015년 말
내려졌던 '폐기' 결정이 번복되어 재수정과 재심사의 기회
를 얻었다. 그러나 2016년 6월 29일 D등급(최종 점수 44점)
이라는 결과가 통보되면서 공식적으로 중지되었다. 이러한
평가의 주된 이유는 지도학적인 문제로 설명되었지만, 이를

곧이곧대로 믿는 역사학자는 드물다.

　뉴라이트 계열로 의심되는 인사가 동북아역사재단 이사장으로 부임하고, 2014년 7월 낙랑군 평양 위치설을 부정하는 신념을 지닌 운영실장이 사업단 편찬실을 방문한 뒤, 지도 편찬 사업의 운명은 이미 결정되었다. 이후 몇몇 국회의원실의 자료 요청이 쏟아졌고, 2015년 3월 20일에는 동북아역사왜곡대책특별위원회의 요청으로 동북아역사재단과 지도편찬사업단의 보고가 이루어졌다. 이후 지도 사업을 '동북공정'이나 '식민사관'과 연결해 비판하는 언론 기사들이 쏟아졌다.

　급기야 2015년 4월 17일 열린 국회 제32차 동북아역사왜곡대책특별위원회는 '동북아 역사지도 편찬 사업 관련 논의'를 안건으로 다루었다. 규모가 작았을 뿐 회의 형식은 1981년 '국사교과서 공청회'의 재판이었다. 사업단 측 역사학자와 이 사업을 비난하는 측 인사를 한 명씩 참고인으로 불러서, 양측의 입장을 듣고 질의하는 방식으로 진행되었다.

　그런데 이 회의는 양측의 입장을 공평하게 듣고 토론하는 자리가 아니었다. 특히 이상일 의원의 의사 진행 발언은 이를 잘 보여준다. 그는 참고인 이덕일 씨가 준비한 자료가 회의 전날 사업단 측에 전해진 것을 문제로 삼았는데, "그렇게 되면 문제지를 보고 본인이 답을 만든 상황인데 이것에 대해서는 저는 문제가 있다고 생각"한다고 주장했다. 이는 사업단 측을 '수험생'에 비유한 것인데, 참고인으로 부른 것이 아니라 추궁의 대상으로 불렀음을 드러낸 것이다.

이 회의록에 따르면, 동북아역사재단의 운영실장은 이 회의에서 4월 2일에 이미 "서강대학교 지도편찬위가 제작 중인 지도집은 발간하지 않음"이라는 결정을 내렸다고 발언했다. 회의장에서 주로 논쟁이 된 부분은 '한사군'의 위치를 비롯한 고대사 문제였다. 결국 "대한민국의 입장에서 유리한 자료"만 이용해야 한다는 일부 역사학자와 대중의 '민족' 감정을 정치에 이용하려는 정치인들의 동맹이 고대사의 전쟁터에서 대한민국 최초의 역사지도집 발간 사업을 좌초시킨 셈이다.

역사, 특히 고대사가 '신화화'하거나 전설이 '역사화'한 예는 한둘이 아니다. 『삼국지』의 이야기들이 대표적이다. 225년 남만 정벌에 나선 제갈공명은 5월에 "노수瀘水를 건너 불모不毛 깊숙이 들어갔다." 노수는 현재 쓰촨성과 윈난성 사이를 가르는 진사강金沙江 상류를 가리키고, 불모는 중국인들이 오랑캐 땅을 지칭하는 상투어로 '풀 한 포기 안 나는 땅'이라는 뜻이다. 당시 제갈공명이 맹획을 일곱 번 사로잡았다가 일곱 번 놓아준 전장은 윈난성 동북부 지역이다. 그런데 이 전쟁을 기념하는 기념물이나 유적지, 그리고 민간 전설은 윈난성 서부 지역뿐 아니라 미얀마 국경 너머까지 퍼져 있다.

바모는 윈난성과 인접한 미얀마의 도시인데, 중국의 일부 학자들은 '불모'와 '바모'가 발음이 비슷하다는 이유로 제갈공명의 군대가 이곳까지 이르렀다고 주장한다. 물론 이러한

윈난성 바오산시 룽양구 한좡진 한잉촌漢營村에 있는 벽화. 제갈공명이 와서 군영을 설치했다는 전설에 기반해 그린 그림이다. ⓒ 방향숙.

주장은 중화민족주의의 망상적 해석으로 치부될 일이지만, 여기에는 보다 복잡한 이야기들이 숨어 있다. 현재 바모에 사는 많은 미얀마 사람들은 제갈공명을 사당에 모시고, 과거에 제갈공명의 군대가 그곳에 왔었다고 믿는다. 또 중국과 미얀마 국경 지대에 걸쳐 사는 '소수민족' 와족은 제갈공명을 '농경과 건축 기술 그리고 의류와 농기구 등의 물질문명을 전해준 영웅,' '사람 머리 사냥獵頭 습속을 멈추게 한 은인'으로 여기는 전설을 구전해왔다.

이러한 이야기를 믿는 사람이 넘쳐 나고 관련 유적이 아무리 많아도, 제갈공명의 군대가 225년에 윈난성 서부 지역과 미얀마까지 이르렀다는 이야기는 전설일 뿐 역사가 될 수 없다. 물론 그곳에 사는 사람들이 그러한 믿음을 갖게 된 계기나 과정, 관련 기념물을 축조하는 행위와 그 사회적 맥락은 역사가 될 수 있다. 그러나 거기까지다. 조선 시대 널리 퍼진 믿음에도 불구하고, '기자조선' 이야기는 여전히 전설로 남아 있다. 단군신화도 마찬가지다. 아무리 역사를 이겨도 역사가 될 수는 없다. 물론 역사를 이겼던 그 사건들은 역사의 일부를 구성할 것이다.

보이지 않는 것에 대한 믿음은 아무리 애써도 신앙의 세계에서만 통한다. 대중의 자발적 참여와 열정이 중요한 가치가 되는 세상이지만, 그것만으로 해결되지 않는 세계도 아직 남아 있다. 맹목적 애국애족이 초래하는 해악도 문제지만, 이에 영합한 정치권력의 개입은 더 끔찍하다. 학문의 세계는 연구를 밥벌이로 삼는 이들에게 맡겨도 되지 않을까. 그리고 5000년 가까운 세월 이 나라와 민족을 살피느라 애쓰신 단군 할아버지는 신전으로 모셔도 되지 않을까.

제주4·3 사건의 위령

트라우마와 포스트 기억의 정치학

김성례
서강대

지난 20세기는 대량 살상의 시대였고 냉전 체제의 구축이 지배적인 역사를 차지한다. 포스트콜로니얼 경험을 공유하는 아시아·태평양 지역 신생국가에서는 냉전 이데올로기의 갈등으로 인해 내전을 겪으며 국가폭력에 의한 대량 살상과 사회적 파괴가 공동체 의식과 문화적 정체성의 위기를 초래했다. 제프리 알렉산더Jeffrey C. Alexander는 이러한 상태를 심리적 트라우마와 구별하여 '문화적 트라우마'라고 정의한 바 있다. '문화적 트라우마'는 집단 성원들의 집단의식에 지울 수 없는 흔적을 남긴 '참혹한 사건'에 대한 기억이 영속적으로 존재하며, 미래의 정체성마저 근본적으로 회복 불가능한 방식으로 변화시켜왔다는 집단적 감정이 지배적일 때 발생한다. 문화적 트라우마는 자연적으로 발생하는 것이 아니라 사회적으로 구성되며, '사건'의 기억과 증언에 의해 정치적으로 활성화된다. 여기서는 한반도 냉전

체제와 한국전쟁의 전초로 알려진 제주 4·3사건과 그 이후에 대한 '문화적 트라우마'의 기억을 활성화하고 전승하여 트라우마의 회복을 가능케 하는 애도와 위령의 의례적 매개 기능에 주목하고자 한다.

2022년 74주년을 맞은 제주4·3 사건은 냉전 체제의 폐허로 남아 있다. 2003년에 정부에서 발간한 「제주4·3사건진상조사보고서」에 의하면, 제주4·3 사건은 미군정 시기 1947년 3월 1일 경찰의 발포 사건을 기점으로 하여, 경찰과 군인, 서북청년단의 탄압에 대한 저항과 단독선거, 단독정부 반대를 기치로 1948년 4월 3일 남로당 제주도당 무장대가 무장봉기한 이래 1954년 9월 21일 한라산 금족 지역이 전면 개방될 때까지, 7년 7개월 동안 제주도에서 발생한 무장대와 토벌대 간의 무력 충돌과 토벌대의 진압 과정에서 3만여 명의 주민들이 희생당한 사건이라고 정의하고 있다. 4·3 사건은 역사적 성격에서도 '폭동,' '민중항쟁,' '학살,' '제노사이드' 등 복합적인 양상이 있어서 정명正名을 찾을 때까지 보통 '4·3'으로 통칭하고 있다. 제주4·3이 초래한 대량 살상의 희생자 영혼을 저승으로 천도하는 시왕맞이굿과 조상 제사와 같은 개별 가족 의례와 제주공항 유해 발굴 프로젝트에서 발굴된 시신의 장례와 재매장, 봉안관 안치 등 공적인 차원의 위령 의례에서, 4·3 희생자의 죽음의 의미는 동일하지 않다. 의례적 연행을 통한 기억의 작용은 이른바 메리앤 허시Marianne Hirsch의 포스트 기억이다. 포스트 기억은 "강력한 정서적인 힘으로 세대 간의 혹은 세대를 넘어서 전승된 기억의 유형"을 이른다.

1987년 민주화운동 이후 가능해진 4·3의 공식적인 위령제 활동이 전개되기 이전부터 제주의 심방(샤먼)은 죽은 희생자의 영혼을 접신하는 굿 의례를 통해 대량 살상의 기억을 환기하고 개별 가족 단위로 전승하는 역할을 해왔다. 2002년부터 매년 심방들이 제주4·3희생자유족회와 함께 집단 살상 현장을 찾아 수행하는 제주4·3 해원상생굿은, 집단 암매장터의 유해 발굴과 유해의 4·3평화공원 봉안관 안치와 더불어 문화적 트라우마를 전승하는 제주 지역공동체의 공식적인 위령 의례로 자리매김했다.

여기서 '4·3'에 대한 국가 차원의 공적 기억과 4·3 피해 당사자 개인과 가족의 기억 사이에는 간극이 존재한다. 이 간극은 '4·3의 기억'을 재현하는 포스트 기억의 범위와 다양한 매개 양식의 위계적 관계에서 발생한다. 4·3의 모든 피해자가 '희생자'의 신분을 자동적으로 획득하는 것은 아니다. '희생자'로서 공식적인 인정을 받기 위하여, 피해자의 기억은 국가의 기억 안에 위치를 차지하려고 하는 모순적인 요구를 하게 된다. 여기서 죽음의 윤리적 가치를 판단하고 위계화하는 의례적 경합의 정치학이 발생한다. 이와 같이 제주4·3의 문화적 트라우마의 전승과 관련하여 공적인 영역과 사적인 영역에서, 4·3 희생자와 시신에 대한 문화적 믿음과 도덕적 관념이 어떻게 서로 연관되어 있는지 의례적 경합의 정

제주공항 옛정뜨르 해원상생굿 제단. 2009년 4월 5일. ⓒ 김성례.

유해 운구에 앞서 제사 지내는 유족들. 2007년 10월 2일. © 양조훈.

치학과 탈냉전 시대의 기억의 윤리에 대하여 모색해볼 필요가 있다.

　2007년 제주공항 암매장지 유해 발굴터에서는 4·3유족회 주도로 제사가 올려졌다. 하나의 긴 유골 상자가 놓였는데 각기 다른 상자에 머리, 몸통, 양팔, 양다리, 양발을 따로 담아 한 사람의 온전한 유골 형태로 구성한 것이었다. 이 유해는 한 사람에 속한 것인가, 여러 사람의 유해 파편을 모아 한 사람의 것으로 만든 것인가? 이 광경은 일종의 '희생자 예술'의 포스트 기억 작업으로서 참여자들의 마음을 아프게 하는 정서적 효과를 가진다. 우리는 희생자에게 무엇을 빚지고 있는가? 이러한 희생자 예술의 효과는 폭력적인 죽음에 대한 공감을 요청한다. 4·3 희생자의 시신과 유골은 물질적 증거로서, 살상의 책임과 처벌에 대한 도덕적 판단을 야기하는 정치적 작업을 수행한다. 이러한 시신의 윤리적 속성은 집단 살상의 희생자 가족과 친족, 지역공동체의 문화적 트라우마의 기억과 전승 작업을 통해 활성화된다.

암매장 장소에서 발굴된 유해의 현전은 사람들에게 정서적 책무감을 지움으로써, '죽음 자체'(시신)를 목격하고, '죽은 자'가 어떤 사람인지 알게 하고, 그가 얼마나 부당하고 참혹하게 죽임을 당했는지 학살에 대한 '기억'을 대면하게 한다. 더 나아가 제사를 모실 수 없는 '유령'이었던 희생자는 다른 조상들과 나란히 자리하며, 햇볕에 깨끗이 말려진 유골의 형태를 갖추고, 제사를 모실 수 있는 '조상'으로 탈바꿈한다. 또한 실종되거나 잊혔던 반사회적 '폭도'에서 부당하게 국가폭력에 의해 살해된 '희생자'라는 새로운 지위를 부여받는 공식적 인정을 통해 4·3의 원혼은 '4·3영령'으로 호칭이 바뀐다. 개별적인 제사 대상에서 집단적·공식적 위령의 대상으로 정치적 지위도 변화한다. 지난 70여 년간 제주도 역사에서 흔적이 사라졌던 4·3 희생자들은 4·3 굿, 4·3 비석, 암매장지 유해 발굴과 재매장, 조상 제사와 공식 위령제 등 의례적 매개를 통해 '제자리를 찾았다'고 할 수 있다.

그러나 제주4·3의 모든 피해자 영혼이 추모 대상이 되는 것은 아니다. 빨갱이 또는 무장대 지도자로 낙인찍힌 수백 명의 '특별한' 4·3 피해자들의 위패는 4·3평화공원 위패 봉안소 곳곳에서 '불량 위패'라 하여 삭제되었는데, 이들은 족

보에 오르는 것도, 유해 발굴 후 가족과 친족 집단의 공동 묘소로 귀환하는 것도 환영받지 못하고 있다. 냉전 체제에서 사회적으로 고립되고 역사적으로 소외된 위치에 있었으므로, 어쩌면 이들이야말로 모든 망자가 자신의 정체성에 관계없이 동등하고 영속적으로 존중받는 새로운 기억의 정치적 인식 체계 안에서 추모되어야 할 대상일 수 있다. 제주4·3 '불량 위패' 사례는 탈냉전 시대의 새로운 포스트 기억의 패러다임을 여는 출발점이 될 수 있다. 대량 살상 사건의 피해자에 대한 이러한 고려는 피해자의 고통을 최우선으로 다루는 인권 정의를 위한 윤리적 실천이다. 저서 『트라우마의 제국L'Empire du traumatisme』(2007)에서 디디에 파생Didier Fassin은 모든 피해자에 대한 우선적 고려야말로 인간 사회의 고유한 특성이라고 설명한다. 포스트 기억 정치학에서 트라우마의 피해자는 문화적·정치적으로 존중할 만한 대상이 되며, 트라우마 자체는 일종의 견고한 도덕적 범주가 된다.

제주4·3 '시국'의 문화적 트라우마에 대한 인정은 '회복적 정의reparative justice'를 위한 정치로 연결된다. 2007년 유해 발굴이 이루어질 때까지 60년이 넘는 세월 동안 갈 곳 없이 떠돌던 4·3 학살 희생자의 시신은, 유해 처리에 대한 적절한 요구와 대응을 촉발할 수 있는 능력을 가지며, 피해 보상을 위한 정치적 행동을 '활성화'한다. 죽은 자의 존재가 유골을 통하여 산 자에게 인식될 때, 유해는 단순히 강렬한 감정적 반응을 불러일으키는 물질적 현상만이 아니다. 이 경우 산

자와 구천을 떠도는 죽은 자 간의 관계를 해방시키는 '경계를 넘나드는' 흐름, 즉 암매장된 시체에서 위령 대상인 유해로, 유령에서 조상으로, 폭도에서 '희생자와 영령'으로 전환이 일어난다. 이른바 포스트 기억의 정치학이 전개되는 것이다.

"사회를 보호해야 한다"

삼청교육대, 사회보호법 그리고 우범 인종주의

이상록
국사편찬위원회

　　최○○은 서울 남대문시장에서 남성 셔츠를 판매하던 영세 상인이었다. 최 씨는 1980년 7월 어느 날 함께 일하던 친구 동생과 술을 마시다 언쟁이 벌어져 소리 높여 다투게 되었고, 이 일로 그는 남대문경찰서에 잡혀갔다. 그것은 끔찍한 불행의 시작이었다. 유치장에서 그는 내용도 알 수 없는 서류에 지장을 찍어야 했고, 그 후 9사단 내 어느 군부대로 이송되었다. 바로 삼청교육대였다. 최 씨는 버스에서 의자 밑으로 고개를 숙이도록 강요당했고, 버스에서 내리자마자 곤봉과 주먹질, 발길질 세례를 받아야 했다. 자신이 무엇을 잘못했는지, 왜 이곳에 끌려왔는지 모른 채 계속해서 폭행을 당해야 했고, '순화교육'만 마치면 다시 사회로 복귀할 수 있으리라는 마음으로 4주를 버텼다.

　　4주 교육 종료 후 그는 다시 3개월간 '근로봉사대'로 보내졌다. 근로봉사대는 토치카 보수공사에 동원되어 일하는 것이 주 업무였지만, 사소한 이유로 기합을 받고 폭행을 당하는 시간이 노동시간보다 더 길었다. 그는 시궁창을 기었고, 기어가는 와중에 군홧발로 짓밟히고 몽둥이질을 당했다. 폭행으로 부상을 당해 제대로 뛰거나 걷지 못하면 그 이유로 더 심한 폭행을 당했다. 알몸으로 집합 명령을 당했고, 집합에 늦은 사람은 두 손과 두 발을 묶인 채 얼음판 뒤에 장시간 방치되어 전신이 마비되는 반죽음 상태에 놓였다. 지속적이고 반복적인 폭행 속에서 인간이기를 포기하도록 강요받았고, 그저 죽고 싶다는 생각밖에 할 수 없도록 인간 존엄을 훼손당했다.

최 씨는 3개월 후 다시 감호 보호 대상 판정을 받았다. 청송감호소가 아직 완공되지 않은 상태라 그는 군대 내 각종 공사 현장에 동원되었고 그곳에서도 지속적인 인권유린을 당했다. 최 씨는 '왜 내가 이런 고통을 당해야 하는가' 끊임없이 반문할 수밖에 없었다. 스스로 내린 결론은 자신은 주위에 권력이 없고 배우지 못한 그저 힘없는 사람이기 때문이었다.

광주항쟁이 학살로 진압되고 난 직후인 1980년 5월 31일 당시 국무위원들과 신군부 주역들로 구성된 '국가보위비상대책위원회'(이하 국보위)가 발족되었다. 신군부는 '국가 비상시국에 대처하여,' '국가보위의 책임을 완수하고,' '국민의 생명과 재산을 보호하기 위해' 등의 명분을 내걸고 국보위를 조직했다. 5·17 비상계엄 전국확대조치와 광주 학살을 감행한 신군부가 국가 비상시국이라는 '예외상태'로 현실을 규정하고서 스스로 법 제정 권력이 되어 법 위에서 권력을 행사하기 위해 조직된 특별 기구였다. 대통령 최규하가 의장이었지만 허수아비나 다름없었고, 실세는 상임위원장 전두환이었다.

국보위는 광주 학살 이후의 어수선한 사회 분위기를 추스르고 저항의 기운을 가라앉히고자 했다. 무엇보다도 신군부가 정권을 인수받으면서 집권 세력의 정치적 정당성을 확보하기 위해 개혁적인 이미지를 만들 필요가 있었다. 국보위는 비리 공무원의 숙정 등을 표방하며 대대적인 사회 정화 운동을 벌이겠다고 선포했다. 더불어 전면적인 사회 개혁에 착수하겠다며 '사회악 일소를 통한 국가 기강 확립'과 '학생들의 불법 시위와 소요 행위 근절'을 동시에 추진하겠다고 했다. 국보위는 '사회 개혁'이라는 이름 아래 신군부에 반대하는 저항자들을 슬그머니 악성 범죄자 집단과 동일시하는 전략을 취했다.

그해 8월 4일 국보위 상임위원회는 사회악일소특별조치를 발표하여 '강도, 절도, 공갈 사기, 밀수 및 마약 사범, 상습 도박자' 등과 함께 '정치 폭력배'와 '학원 폭력배'를 동일한 반열에 놓고 대대적인 합동 단속을 하겠다고 했다. 저항자는 이제 사회를 위태롭게 할 범죄자로 규정될 수 있었다. 당시 신문 지면에는 이 조치에 대한 시민들의 환영의 목소리가 실려 있다. 부동산 중개인, 회사원, 소상인, 노점상, 나이

연병장에 모여 대장의 말을 듣고 있는 삼청교육대 수련생들의 모습. ⓒ 경향신문.

트클럽 지배인, 목사, 교사, 재수생 등 다양한 직군의 사람들이 '사회암社會癌'과 같은 폭력배를 소탕하는 조치에 한결같이 환영을 표했고, 국보위에 감사의 뜻을 밝히기도 했다. 언론이 철저히 통제되던 당시의 상황을 고려할 때 이러한 지지 일변도의 시민 반응은 다면적인 여론에서 특정 일면만 부각된 것임에 틀림없다. 하지만 "삼복더위에 소나기 같다"는 시민의 반응이 날조는 아니었다. 쿠데타와 학살로 집권한 신군부는 정의롭지 못한 권력이었다. 이 '큰 악'이 '작은 악'들을 처벌하여 정의사회를 구현하겠다는 어처구니없는 상황이 1980년대를 지배한 '전도된 정의'의 기본 구조였다. 이 구조에 저항한 이들도 분명 적지 않았지만, 구조에 주목하지 않고 '작은 악'들의 제거를 지지하는 이들도 다수였다. 사회를 안전하게 만들겠다는 통치의 기술은 많은 시민의 동의 속에서 행사될 수 있었다. 그리고 이는 삼청교육대의 마구잡이식 연행과 반인권적 폭력, 심지어 미필적 고의에 의한 살해까지도 암묵적으로 용인될 수 있는 구조의 정치적 토대로 작용했다.

1980년 8월 4일 국보위가 발표한 사회악일소특별조치는 '현행범 및 전과자 중 재범의 우려가 있는 자,' '배후 세력 비호 아래 활동한 상습적 반사회 행위자' 등을 검거 대상으로 지목했다. 재범의 우려가 있는 자, 즉 우범자는 특정한 범법 행위를 처벌하려는 것이 아니라 권력자의 시선으로 범죄를 미리 예측하고 우려하여 규정되는 자다. '우범'이라는 개념은 자의적으로 규정될 소지가 농후하다. '상습적 반사회 행위자'라는 개념 역시 권력자의 시선에서 마음에 들지 않는 이를 포함할 수 있는 자의성과 모호성이 있다. 이처럼 자의적이고 모호한 기준 아래 '불량배 검거'가 시작되었다. 계엄사령부는 계엄포고 제13호를 발령하여 '사회를 위태롭게 할 수 있는 자'들을 체포, 구금, 수색할 수 있게 했으며 전국적으로 6만여 명을 무차별적으로 잡아들였다. 이들은 A~D까지 등급 판정을 받았는데, D급 1만 7156명과 환자 605명을 제외한 4만 2994명이 삼청교육대로 끌려갔다. 그리고 이들 중 적지 않은 숫자가 끝내 돌아오지 못하고 군부대와 감호소 등에서 사망했다.

국보위는 1980년 11월 25일 정부안으로 '사회보호법'을 제안했고, 그해 12월 국가보위입법회의에서 이 법은 통과되었다. 이 법의 제안 이유에는 "우리 사회에는 전통적인 형벌만으로는 개선·교화되지 않는 상습범과 조직범" 그리고 "고질적인 심신장애 범죄인"이 많이 있고, "이들은 언제 어디에서 국민의 생명과 재산을 침해할지 예측하기 어려운 위험한 상태"에 있기 때문에 기존의 형법을 넘어서는 새로운 법률이 필요하다는 점이 강조되어 있다. "선량한 대다수 국민과 사회를 보호"하고 "사회를 위협하는 자들"을 교육·훈련, 치료·선도를 통해 "훌륭한 사회인으로 갱생"시키는 것이 이 법의 궁극적인 목표였다. 이 법의 핵심적인 제정 취지는 삼청교육대에서 사회로 복귀되지 않은 자들을 감금하고, '사회를 보호하기 위해' 이들을 사회로부터 분리하려는 것이었다.

1981년 10월 삼청교육대 감호 도중 "정식 재판을 받게 해 달라, 가혹 행위를 하지 말아달라"며 집단행동에 참여했던 박영두는 군법회의에서 15년 형을 선고받고 사회보호법에 따라 청송보호감호소로 이송되었다. 1984년 10월 그는 교도소 내에서 소란을 피웠다는 이유로 교도관들로부터 곤봉 꽈배기를 포함하여 두 시간가량 지속적인 폭행을 당했고 결국 몇 시간 후 숨졌다. 박영두 사건은 2001년 의문사진상규명위원회의 발표로 그 진상이 밝혀졌지만, 삼청교육대와 보호감호소의 인권유린으로 인한 비참한 죽음들은 밝혀지지 않았거나 망각되었다.

신군부는 왜 이런 조치들을 취했던 것일까? 쿠데타로 집

"갱생"이라는 벽면 글자 아래 얼차려를 받고 있는 삼청교육대 수련생들. ⓒ 경향신문.

'민중학살정권 규탄 시국대토론회'(1989. 3. 26.)에서 피켓 시위 중인
삼청교육대 희생자 유족들. ⓒ 민주화운동기념사업회 박용수 기증.

권한 이들이 제2의 광주항쟁과 같은 저항이 발생할 수 있다는 예감에서 기인한 불안감의 표현이었던 것일까? 신군부의 말을 거역하거나 반항하면 삼청교육대로 보내 쥐도 새도 모르게 없앨 수 있다는 공포감을 촉발하기 위한 공포정치였을까? 신군부가 행사한 이 무자비한 권력의 기술은 어떤 역사적 의미를 갖는 것일까? 삼청교육대인권운동연합은『삼청교육대 백서』에서 삼청교육대 사건을 '불량배 소탕'이라는 명목의 '인종청소'로 규정했다. 군인들은 '죽여도 좋다,' '때려서 인간을 개조하라'는 명령 혹은 허용 범위 안에서 민간인들을 잔혹하게 폭행했다.

미셸 푸코Michel Foucault는『사회를 보호해야 한다*Il faut défendre la Société*』에서 인종주의의 기능을 언급하면서, 인종주의는 "살기 위해서는 너의 적들을 학살해야 한다"는 전쟁의 권력관계를 "열등한 인종이 좀 더 사라지고, 비정상의 개인이 좀 더 제거된다면 종種의 퇴화를 막고 강해질 수 있다"는 생명정치로 전도시킨다고 설명했다. 삼청교육대는 이런 의미에서 '우범 인종주의'의 실행이었다고 말할 수 있지 않을까. 권력자의 시선에서 사회를 위태롭게 할 소지가 있는 자들, 즉 '우범자들'을 척결하면 사회가 정화되고 더 강한 국가가 될 것이라는 환상 속에서 끔찍한 폭력과 살해가 제도화될 수 있었던 것 아니었을까. 그들이 보호하고자 했던 '사회'는 무엇이었고, 피해자들이 돌아가고자 했던 '사회'는 어떤 사회였을까. 사회는 보호의 대상이 아니라 정상인과 비정상인의 구분 없이 함께 협력하며 살아가야 할 터전이다. 정상성과 우등성이 지배하는 타자 말살의 사회에서 벗어나기 위해 삼청교육대를 피해자의 기억 위에서 되짚어야 할 것이다.

3부 다른 나라에서

로이사이다의 주거권 투쟁
주거난 현실이 소환한 '저항의 기억'*

황은주

서강대 영문학부

　　뉴욕 맨해튼의 남동쪽, 이스트빌리지 안에 '알파벳 시티Alphabet City'라 부르는 동네가 있다. 19세기부터 노동운동과 집회, 폭동의 중심이 된 톰킨스광장Tomkins Square 공원을 끼고 애비뉴 A부터 애비뉴 D까지, 그리고 하우스턴가에서 14번가 사이에 위치한 2제곱킬로미터 남짓한 곳이다. 1980년대 젠트리피케이션이 시작되면서 노숙인과 불법 점유자를 비롯한 주거 취약 계층 및 모든 시민의 주거권을 옹호하는 활동가들이 주거권을 지키기 위해 2000년대 들어서까지 긴 싸움을 벌인 곳이기도 하다.

　　이곳의 역사가 비록 지엽적일지라도 우리는 이 투쟁의 역사가 남긴 교훈에 귀 기울여야 한다. 코로나19로 인한 소득

● 이 글의 일부는 황은주, 『도시의 유목인—뉴욕의 문화지리학』(동인, 2021)에 수록되었다.

세스 토박먼Seth Tobocman 의 『우리 동네를 사수하라War in the
Neighborhood』(1999)는 1988~1995년 불법 거주자와 노숙인들의 투쟁 이야기로,
저자가 실제로 스캇에 살면서 투쟁에 참여한 경험과 당시 사진, 다큐멘터리,
인터뷰를 바탕으로 쓴 그래픽 노블이다. ⓒ 세스 토박먼.

감소와 실직으로 벼랑에 몰린 하층계급의 주거권 문제가 신자유주의 경제체제의 한계를 일깨우고, 조지 플로이드George Floyd의 죽음으로 불붙은 '흑인의 생명은 소중하다Black Lives Matter 운동'이 경찰-자본-권력의 폭력에 대한 저항적 헤게모니의 기억을 일깨우고 있기 때문이다.

'알파벳 시티'라 불리는 이곳은 여러 개의 명칭을 갖고 있다. 1960년대 초반까지는 로어이스트사이드Lower East Side라고 불린 이민 노동자의 주거 구역이었다. 1960년대에 히피 저항 문화의 중심지가 되면서 이곳은 근처의 웨스트빌리지와 그리니치빌리지에 견주어 '이스트빌리지'라고 부르기 시작했고, 이 동네에서 가난한 이민 노동자의 이미지를 지우길 원했던 부동산 업자와 개발 업자들이 가장 선호하는 이름이 되었다. 1950년대에 백인들이 교외로 떠나고 남은 자리를 채운 푸에르토리코 출신의 주민들은 이곳을 자기 식으로 발음해 '로이사이다Loisaida'라고 불렀다.

1970년대에는 자본이 도심에 대한 투자를 회수하면서 집주인들이 건물을 유기하거나 보험금을 노리고 자기 건물에 몰래 불을 놓는 일이 많았다. 또 뉴욕시가 재정 위기를 겪으면서 치안과 소방 예산을 축소하자 이곳은 삽시간에 범죄와 마약의 온상지가 되었다. 그래도 버려진 동네에 남은 라틴계 주민들과 불법 점유자들, 그리고 활동가들이 자본주의의 횡포에 맞서 이곳을 지켰다. 그들은 커뮤니티 가든을 일구고, 주민 센터를 만들고, 전기와 수도, 난방이 끊긴 채 허물어져가는 건물을 보수하면서 척박한 토양에 자생적으로 뿌리를 내렸다.

'알파벳 시티'는 사실 가장 늦게 나타난 명칭으로 1980년대 초에 서서히 젠트리피케이션이 시작될 무렵, 종전의 마약과 범죄로 점철된 이미지를 벗고자 알파벳순으로 정한 거리 명칭을 따서 만든 이름이다. 백인들이 버리고 간 도심을 지킨 '로이사이다'의 주민들에게 이 이름은 낯설고 불온한 것이었다(이 글에서는 이곳을 '로이사이다'라고 부르겠다).

19세기 중엽부터 20세기 초반까지 이곳은 유럽에서 갓 건너온 이민 노동자들이 살던, 테너먼트라 부르는 좁고 어둡고 비위생적인 공동주택이 들어서 있던 곳이다. 경제적으로 취약한 계층이 살던 동네인 만큼 경기가 나빠질 때마다 크고 작은 폭동이 일어났다. 1873년의 경제 위기로 살기 어려워지자, 1874년 1월 7000여 명의 이민 노동자들이 톰킨스광장에 모여 일자리와 식량, 그리고 실직자의 퇴거 중단을 요구했다. 이에 말을 탄 경찰들이 광장의 출구를 차단하고 몽둥이를 마구 휘둘러 이들을 제압함으로써, 군중들은 경찰이 누구의 편인지 확실히 깨닫는 계기가 되었다.

이 폭동 이후 시 정부는 대규모의 민중이 모이는 것을 막기 위해 집회 공간인 광장을 공원으로 탈바꿈시켰다. 또한 시 정부는 1879년부터 뉴욕에 무장 경찰과 군대를 배치해 만약의 사태에 폭력으로 대응할 만반의 준비를 갖췄다. 100년이 넘게 지난 1988년, 톰킨스광장공원 폭동은 경찰

1988년 8월 톰킨스광장공원 폭동. 시위자들이 "젠트리피케이션은 계급 전쟁이다. 맞서 싸우자"라는 플래카드를 들고 있다. ⓒ 황은주 일러스트레이션.

이 자본의 이익을 위해 민중에게 무자비한 폭력을 행사할 수 있는 집단임을 다시 한 번 상기시켰다. 1980년대에 여피 yuppie(Young Urban Professionals) 인구가 늘어나고 집세가 계속해서 오르는 등 젠트리피케이션이 시작되었다.

시 정부는 젠트리피케이션에 박차를 가할 목적으로 야간 공원 이용을 금지하며 노숙인들을 공원에서 쫓아내고자 했고, 이에 노숙인과 주민이 연대해 "젠트리피케이션은 계급 전쟁"이라고 외치며 항의했다. 이 과정에 경찰이 시민에게 폭력을 행사한 것이 대중매체를 통해 알려지면서 여론에 악영향을 미쳤고, 결국 야간에 공원을 폐쇄하려는 계획은 무산되었다. 하지만 결국 1991년 시 정부는 공원 폐쇄를 강행하고 근처 공터에 세운 노숙인들의 임시 거처도 모두 철거했다.

1995년 5월 이스트 13번가에 있는 세 개의 스쾃squats(불법 점유 건물)에서 주민을 강제로 쫓아내던 날에는 경찰이 헬리콥터와 탱크를 앞세워 시위하는 사람들을 위협하고, 군홧발로 집에 쳐들어가 모든 것을 짓밟았다. 그 밖에 원인 모를 화재와 철거로 많은 불법 점유 건물들이 사라졌지만, 주민들은 철거 팀과 무장 경찰 앞에서도 물러서지 않고 끝까지 싸웠다. 그들이 끝까지 지킨 열 개의 불법 점유 건물은 2003년 뉴욕시가 당시 시 정부와 불법 점유자들 사이를 중재하던 비영리 기관 '도시자립주거지원위원회UHAB'에 각 건물을 명목상 1달러에 팔면서 드디어 합법화되었다.

시는 거의 무료로 건물을 제공하는 대신 주민들이 은행에서 융자를 받고 전문 인력의 도움을 받아서 안전기준을 통과할 만큼 건물을 완벽하게 보수해야 한다는 조건을 내걸었다. 주민들이 긴 투쟁의 결실을 맺었다고 볼 수도 있지만, 그들은 집주인이 되는 동시에 어마어마한 빚더미에 앉게 되었고 젠트리피케이션으로부터 동네를 지키겠다는 투쟁의 결의도 대부분 사라지고 말았다. 무장 경찰이 할 수 없던 일을 결국 은행 빚이 해냈다. 불법 거주자들은 합법적으로 집주인이 되는 동시에 자본의 논리에 포섭되었고, 시 정부는 마침내 젠트리피케이션의 목적을 이뤘다.

2020년 1월 방문한 로이사이다는 젠트리피케이션이 거

1986년 고급 콘도미니엄으로 문을 다시 열면서 로이사이다
젠트리피케이션의 상징이 된 크리스토도라 하우스. ⓒ 황은주.

의 완성되어가는 듯해 보였다. 아직 이곳저곳에 그래피티가
있고, 노숙인이 한두 명 눈에 띄고, 커뮤니티 가든과 '되찾은
도시공간박물관Museum of Reclaimed Urban Space(MoRUS),' 뉴요
리칸Nuyorican(푸에르토리코 출신의 뉴요커) 시인 카페 등이 남
아 있었다. 거리는 깨끗하고 안전했으며, 특히 톰킨스광장
공원 주변으로 젠트리피케이션의 상징인 크리스토도라 하
우스가 우뚝 솟아 있고, 개성 있는 식당과 술집은 손님들로

붐볐다. 노숙인들의 '텐트로 만든 도시Tent City'와 함께 펑크족들이 애용하던 야외무대가 있던 공원에서 그들의 흔적은 완전히 사라지고 안전하게 펜스가 쳐진 잔디밭에서 강아지들이 뛰놀고 있었다. 노숙인이 공원 벤치에 누워 잘 수 없도록 벤치 가운데에 팔걸이를 만드는 꼼꼼한 '배려'도 잊지 않았다.

　한 장소에서 지나간 시간의 흔적이 사라지는 것은 순식간이다. 더불어 그곳에 대한 기억도 사라지거나 왜곡되기 마련이다. 하층계급과 주거 취약 계층이 톰킨스광장공원 주변의 주거권을 두고 벌였던 투쟁의 역사, 자본주의 논리를 벗어난 대안적 주거 방식을 추구한 사람들, 그리고 경찰이 19세기와 20세기에 한결같이 자본과 권력의 이익을 위해 시민들에게 폭력을 행사한 과거에 대한 기억은 미래를 담보하는 소중한 자산이다. 이러한 사실을 잊는다면, 코로나 바이러스 이전부터 이미 임금이 정체되고 집세가 가파르게 증가하여 미국 총 세입자 가구의 25퍼센트가 수입의 절반 이상을 집세로 내고, 47퍼센트가 수입의 30퍼센트 이상을 집세로 낸 현실의 구조적 문제에 대한 근원적 해결 방법을 모색할 수 없다. 이러한 과거를 기억할 때 비로소 근본적 변화를 사고할 수 있다.

　코로나19가 번지면서 미국에서 많은 사람이 일자리를 잃고 집세를 내지 못해 길거리에 나앉게 되자 국회, 주 정부, 지방자치단체, 주택도시개발부가 나서서 강제 퇴거를 금지했지만, 이는 어디까지나 임시 조치에 지나지 않는다. 집세 탕감Cancel Rent 운동과 '경찰에 대한 예산을 대폭 축소해 민생을 도모하자Defund the Police'는 정치적 움직임은 인간의 기본권을 어떻게 돈의 지배에서 해방시킬 것인가에 대한 근원적이고 급진적인 해결 방법을 요구하는 것이다. 로이사이다의 기억이 태평양을 건너 부동산 투기와 악전고투하고 있는 우리에게도 소중한 기억이 될 수밖에 없는 이유다.

대만 중정기념당, 불멸의 기억*

정헌주

연세대 행정학과

2019년 1월부터 8월까지 연구년 동안 대만 타이베이에서 지냈다. 머물던 숙소에서 연구 공간이 있던 국가도서관까지 가기 위해서는 중정기념당을 가로질러야 했다. 타이베이시 중정구에 위치한 국립중정기념당國立中正紀念堂은 1950년부터 1975년까지 중화민국 1~4대 총통을 지냈던 장제스蔣介石(또는 蔣中正)를 기념하고 기리는 공간이다.

대만에는 중정기념당뿐만 아니라 장제스와 관련된 다양한 기억공간이 존재한다. 장제스와 부인 쑹메이링宋美齡이 거주했던 스린 관저, 장제스가 묻혀 있는 츠후 능묘, 그의 동상을 모아놓은 츠후기념조소공원 등이 있다. 또한 타이베이를 비롯한 대만의 도시, 거리, 학교, 건물 등 물리적 공간뿐만 아니라 제도, 규범 등 다양한 영역에서 장제스의 자취를

---

* 이 글의 일부는 정헌주, 「국립중정기념당원구와 기념의 정치 — 장개석 기념과 영원불멸성의 서사」, 『문화와 정치』 8권 1호(2021)에 게재되었다.

쉽게 찾을 수 있다. 장제스와 관련된 다양한 기억공간 중에서 복잡한 타이베이시 중앙의 광활한 부지 위에 건축된 중정기념당은 그를 기념하는 가장 대표적인 기억공간이다.

여기에는 장제스의 생애와 업적, 그가 쓴 글과 편지, 사건의 연대기적 재구성과 설명 패널, 사진, 다양한 유품들이 전시되어 있다. 동시에 이곳은 국공내전의 패배, 권위주의적 통치, 다양한 정책 실패 등에 대해서는 철저히 망각한 채 장제스에 대한 공식적인 기억을 구성하고 이를 관람객에게 투사한다. 중정기념당은 1980년 건립된 이후 장제스와 그의 논쟁적 유산에 관한 공식 기억공간이라는 점에서, 그리고 총통부 등 다양한 권력기관들이 위치한 타이베이 중심지 한가운데에 있다는 점에서 대만에 산재한 다양한 기억공간의 위계적 질서 중에서도 최상층부를 차지하고 있다.

중정기념당이 기억전쟁에서 차지하는 핵심적 위치는 대만의 민주화 과정을 통해 공고해졌다. 건립된 지 10년 후인 1990년 3월 16일, 이곳에서 들백합학생운동野百合學生運動이 꽃을 피웠다. 계엄령 해제 이후 최초의 대규모 학생 시위를 위해 전국 각지에서 모인 6000여 명의 대학생들은 중정기념당 광장에서 국민대회 해산, 임시조례 폐지 등 민주화 방안을 제시했으며, 당시 리덩후이李登輝 총통은 이를 수락했다. 들백합학생운동은 대만의 민주화에 중요한 역할을 했고, 이후 2008년 산딸기학생운동, 2014년 해바라기학생운동 등에도 큰 영향을 미쳤다.

중정기념당의 장제스상. ⓒ 정헌주.

　중정기념당 현판은 2007년 5월 '국립대만민주기념관國立
臺灣民主紀念館'으로 바뀌었고, 중정기념당의 대문 역할을 하
는 입구 상단의 현판 글씨도 '대중지정大中至正'에서 '민주광
장民主廣場'으로 변경되었다. '대중지정' 현판 글씨는 『중용
中庸』에서 인용되었지만 사실 중정中正을 의미했다. 2008년
총통 선거를 앞두고 국민당 마잉주馬英九의 인기가 높아지
고 있던 상황에서 민진당 정부가 기억전쟁을 치열하게 전개
한 것이다. 이후 마잉주가 총통으로 당선된 후 국립대만민
주기념관은 다시 중정기념당으로 개칭되었지만, 현판 글씨
는 2021년 현재 민진당의 차이잉원蔡英文 정부까지 그대로
민주광장으로 남아 있다.

　이렇듯 장제스에 대한 공식기억의 장으로서 중정기념당

과 이에 대한 도전은 과거에 대한 기억투쟁임과 동시에 대만의 현재와 미래에 대한 투쟁이다. 하지만 장제스와 중정기념당에만 초점을 둔 이러한 해석은 중정기념당이 갖는 정치적, 상징적 의미를 오히려 협소하게 바라보는 것이다. 중정기념당과 주변 공간은 단순히 장제스를 기념하는 공간을 넘어 다른 차원의 기억전쟁 공간으로 볼 수 있다. 이는 과거의 지도자를 기념하는 다른 공간과 비교하면 두드러지게 나타난다. 정치적 지도자에 대한 기억공간, 대표적으로 미국의 대통령기념관 등은 지도자의 인간적 유한성과 역사적 불멸성을 동시에 표상한다. 이러한 공간들과 중정기념당의 가장 큰 차별점은 다양한 장치를 통해 죽은 권력자인 장제스의 권력이 현실에서 행사된다는 것이다. 즉 살아 있는 권력자만이 누릴 수 있는 다양한 의례를 통해 여전히 장제스로 표상되는 국가권력이 작동되고 있다는 점을 대중에게 상기시킨다.

이러한 의례에서 가장 중요한 것은 중정기념당 내부에서 매시간 개최되는 위병 교대식과 외부에서 매일 행해지는 국기 게양식과 하강식이다. 3군 의장대 소속 현역 군인 5명이 직각 도보를 하면서 이동하고, 중화민국 국가가 장엄하게 울려 퍼지는 가운데 식이 엄숙히 거행된다. 이러한 퍼포먼스는 대만인들과 관광객들이 함부로 움직이지 못하는 분위기를 조성함으로써 방문객들의 움직임을 통제한다.

의례의 신성성은 아이들의 움직임과 이를 통제하려는 어

른들의 행동에서 가장 잘 나타난다. 아직까지 이러한 의례의 사회적 의미를 경험하지 못한 아이들은 대개 의례와 상관없이 시끄럽게 떠들고 부산히 움직인다. 이때 주변 사람들은 아이들을 잘 훈육하지 못한 부모를 책망하는 듯한 눈짓을 주고 부모는 아이를 조용하게 하지 못해 죄송해하는 제스처를 취한다. 이를 통해 그러한 의례의 사회적 의미는 재생산되고 재확인된다. 이러한 모든 움직임을 멀리서 지그시 바라보는 중정의 청동 동상은 그의 권력이 여전히 살아있음을 느끼게 해준다. 꼭 봐야 하는 관광거리가 된 중정기념당의 청동 동상을 지키는 위병의 교대식과 국기 게양식과 하강식을 통해, 중정기념당에서 기억되고 기념되는 장제스와 대만이라는 국가, 그리고 권력의 작동이 뒤엉키는 스펙터클이 연출되는 것이다.

정치적 지도자를 기념하는 다른 나라의 여러 기억공간에서도 지도자와 국가를 연계하기 위한 부단한 노력과 연출을 볼 수 있다. 중정기념당은 이러한 연계를 보다 직접적, 구체적, 일상적으로 수행함으로써 그러한 연계를 당연하게 만든다. 장제스의 불멸성은 중정기념당 내부에서 재현될 뿐만 아니라 더욱 강력하게는 외부에서 장제스와 중화민국의 직접적 연계를 통해 이뤄진다. 중정기념당에는 장제스 개인에 대한 기념과 더불어 중화민국을 나타내는 다양한 상징들과 행위들이 뒤얽혀 재현되어 있다. 이러한 국가 기념과 개인 숭배의 뒤얽힘은 장제스와 그에 대한 기념을 거부하는 사람

중정기념당 전경. ⓒ 정헌주.

이라도 중화민국에 대한 부정은 어렵게 만든다는 점에서 구
속력이 있다. 장제스 기념에 대한 부정이 자칫 국가 기념에
대한 부정으로 보일 수 있기 때문이다. 장제스 기념과 국가
기념 간 뒤얽힘의 이러한 정치적 효과로 인해, 중정기념당
에서 장제스는 유한하고 흠결 많은 개인이 아닌, 시공간을
초월한 중화민국의 건설자이자 수호자, 나아가 그 자체로서
기념되는 것이다. 결국 '국립'중정기념당에서 장제스와 중
화민국의 기억은 서로 착근되어 장제스 기념의 영원불멸성
을 한층 강화한다.

　대만을 떠나기 전 수없이 보았던 중정기념당을 마지막으
로 바라보면서 문득 이런 생각이 들었다. 언젠가 중정기념
당이 다시 국립대만민주기념관으로 혹은 다른 무엇인가를

기념하는 공간으로 바뀔 수 있을까? 중정기념당 경내 국가음악청 처마 밑에서 K팝 음악에 맞춰 땀을 흘리며 군무를 추던 젊은 청년들에게 이곳은 과연 어떤 의미일까? 대만의 새로운 미래, 또 다른 미래를 위한 노력과 갈등의 과정에서 중정기념당은 대만 사회가 언젠간 다시 거쳐야 할 곳이다.

천안문,
중국과 서구의 집단기억 정화

홍지순

서강대 중국문화학과

집단기억이란 개개인 기억의 집합이 아니며 집단기억의 일반 법칙은 '포함'이라기보다 '사장'이다. 집단기억이 되지 못하고 박물관이나 책장 한구석에서 사라지는 것이 대부분 개별 기억들이 겪는 일반적 운명이다. 아울러 많은 학자들은 온전한 의미의 개인의 기억이란 것 자체가 과연 존재하는지 반문하기도 했다. 즉 사회정치적 영향을 받지 않는 개인의 기억이란 것이 있을 수 있는지, 더 나아가 기계나 테크놀로지 등이 관여되지 않은 순수한 인간의 기억이 얼마나 있는지를 묻는다.

중국의 천안문天安門을 둘러싼 집단기억은 공간, 시간, 이미지 등의 측면에서 집단기억이 어떻게 단순화, 정화되는지를 잘 보여주는 예로, 집단기억의 주체를 국가로 설정하는 것에 익숙한 한국에도 적용할 만한 부분이 많을 듯하다.

'기념비적 공간'은 집단기억을 재생산하는 중요한 매개이며, 상징성과 정제미를 핵심 미학으로 하는 기념비, 조각물 등은 집단기억을 정화된 형태로 재현하기 마련이다. 명대에 지어져서 청대에 재건축된 천안문은 자금성을 중심으로 겹겹이 확장되는 베이징의 환형環形 도시 구조의 남북 축 중 남쪽의 정문이었다. 천안문은 1949년 10월 1일 마오쩌둥毛澤東 주석이 그 발코니에서 중화인민공화국의 수립을 선포한 순간부터 하나의 건축물 '문'에서 국가 문장이나 화폐 등에 새겨지는 '상징'이 된다. 천안문이 중화인민공화국의 상징으로 거듭나는 과정은 1950~1960년대 천안문 주변 물리적 도시 공간의 대대적 철거 작업과 더불어 이루어진다. 천안문과 대칭을 이루던 북쪽의 '지안문地安門'이 사라지고 주변의 담들이 허물어지면서 천안문은 도시의 일부가 아닌 국가의 중심으로 우뚝 선다.

또한 박물관이 되어 시대적, 공간적 '뒤편'에 자리 잡은 자금성과 대조를 이루며 천안문은 시대적, 공간적 '전면'을 향하는 신중국의 상징이 된다. 천안문 발코니에서 '10억 인민'이 행진하는 광장을 상상했던 마오 주석의 사후에야 천안문광장은 비로소 60만 명 정도를 수용할 수 있는 대규모 광장으로 형태를 갖추게 된다. 광장의 남쪽에는 위치, 방향, 디자인 등에 대한 오랜 정치 논쟁을 거쳐 인민영웅기념비가 지어지고, 동쪽에는 역사·혁명박물관, 서쪽에는 인민대회당이 자리 잡으면서 과거와 현재 인민의 힘이 응집하는 광장이라는 마오 주석의 정치적 비전이 실현된다.

시간의 측면에서 집단기억은 기념일 등으로 제도화, 의례화되어 응축 재현된다. 해마다 10월 1일 국경절 군사 퍼레이드를 통해 천안문은 구체적 경험의 공간, 즉 '장소'에서 미디어 '공간'으로 추상화된다. 인민이 주인공으로 추앙되는 이 행사에 베이징 시민 등 일반인들은 직접 거리에서 관람하거나 참여하지 못하고 미디어를 통해 접하게 된다. 아이러니하게도 이 미디어 스펙터클에서 인민은 부재함으로써 중심이 되는 것이다. 사실 이 국경절 행사뿐 아니라 중국의 텔레비전 뉴스에서 정렬되지 않은 군중, 회의 중이 아닌 간부를 보는 일은 쉽지 않다.

집단기억의 전형화 혹은 공백화를 보여주는 예가 중국만큼 뚜렷한 경우도 흔하지 않을 듯하다. 1989년 천안문민주화운동 기념일인 6월 4일에는 매체 검열이 더욱 강화되는데, 중국 누리꾼들은 이날을 '인터넷 보수의 날,' '국가적 기억상실일'이라고 빗대어 말하기도 하고, 영화감독 지아장커賈樟柯는 "우리는 굳이 그날을 기억하려고 노력하지 않아도 된다. 어차피 웨이보 검열이 기억하니까"라고 풍자하기도 한다. 중국인들은 정부의 매체 검열이 거짓 광고나 포르노물을 주요 대상으로 한다고 이해하며 매체 검열에 대해 대체로 긍정적 반응을 보인다.

서구에서처럼 매체가 과도하게 상업화하고 선정적 오락물로 전락해 국민이 '우민화'되는 것을 막는다는 '문화 안보'의 논리가 설득력을 얻어왔으며, '3000여 년'의 역사와 14억

인구를 가진 대국 중국을 상대로 몇몇 역사적 시기, 사건 등을 집중적으로 들춰내는 것은 중국의 굴기崛起를 견제하는 서구의 해묵고 편협한 정치적 공세일 뿐이라고 보는 것이 일반적 견해다. 이와 같은 '대국' 이데올로기는 다양한 기억을 발굴하는 기억의 풍부화보다는 세세하고 복잡한 기억들을 억누르고 일부 사건이나 영웅을 전면에 내세우는 기억의 전형화와 밀접한 관계 속에서 발전해왔다. 집단기억은 국가나 특정 집단의 정체성을 확립하는 데 이용되곤 하는데, 이러한 정치적 사용가치가 강조될 때 집단기억은 더욱 획일화, 단순화된다.

몇 년 전까지 대륙과 달리 홍콩에서는 해마다 6월 4일에 대대적 추모 등의 기념행사가 있었는데, 기념일 시위에 참석한 홍콩의 젊은 세대들을 상대로 실시한 2013년의 한 설문 조사 결과는 집단기억의 세대 전수에 대해 몇 가지 흥미로운 사실을 보여준다. 집단기억은 가족, 친구, 학교, 대중매체, 인터넷 등 다양한 채널을 통해 재생산, 사회화되는데, 이때 '어떤 내용'이 전달되는가만이 아니라 내용이 '어떻게' 전달되는가도 중요하다는 점이다. 즉 늘 농담을 즐겨 하는 선생님이 이 부분을 강의할 때 갑자기 진지해진다거나 하는 태도의 변화 등으로부터 이 사건은 뭔가 묵직하고 특별하다는 것을 직감했다는 식의 답변들이 많았다. 집단기억은 내용뿐 아니라 '감정의 핵심'도 전달한다고 할 수 있다.

사건을 간접경험하는 훗날의 세대들이 사건을 정치경제

적 비교 맥락에서 접근하기보다 사건 자체의 비극성에 집중한다는 점도 주목할 만하다. 홍콩에서 천안문 사건에 대한 관점은 크게 현재 중국의 정치 현실 비판과 연계시키는 정치적 관점과 중국의 경제성장 성과를 강조하며 그 의미를 축소하려는 실용적 관점 두 갈래로 나뉘어왔다고 할 수 있다. 현재 홍콩의 젊은 세대들은 지난 5~6년간 정치 경험을 거치며 중요한 정치 세대가 되었지만, 2013년 당시 6·4 기념일 추모 시위에 참여한 젊은 세대들은 국가권력이 무고한 시민, 학생을 사살했다는 '도덕적' 측면에 초점을 맞추어 정치적, 실용적 두 관점 모두와 거리를 두었다. 혹자는 이러한 집단기억 민간 전수의 특징을 집단기억의 '단순화'라기보다는 '핵심화'라고 부르며, 이를 집단기억이 자연스럽게 전수될 때 일어나는 긍정적 패턴이라고 이해하기도 한다. 그런 면에서 집단기억의 정화는 전형화, 획일화일 뿐 아니라 핵심화이기도 하다.

시각 이미지는 직접경험과 간접경험의 차이를 모호하게 만드는 특징이 있다. 천안문에 대한 집단기억에도 디지털 시각 이미지가 비슷한 역할을 해왔다. 중국 밖의 대표적 검색엔진인 '구글'과 중국 내의 대표적 검색엔진인 '바이두'의 천안문 이미지 검색은 서구와 중국 모두에서 어떻게 집단기억이 획일화, 단순화되었는지를 보여준다. 중국의 검색엔진 '바이두'에서 '天安門'이란 단어로 이미지 검색을 하면 정갈한 천안문 사진들만 나오는 반면에, '구글'에서 'Tiananmen'

바이두(왼쪽)와 구글(오른쪽)에서 '천안문'을 이미지 검색했을 때 각각 나오는 대표적 사진. ⓒ 바이두·AP통신.

이란 단어로 이미지 검색을 하면 첫 페이지가 온통 소위 '탱크맨' 사진이다.

바이두 첫 페이지가 중국의 매체 검열을 보여준다면, '구글'의 첫 페이지는 집단기억이 디지털 공간에서 어떻게 단순화되어 저장, 소통되는지를 보여준다. '탱크맨' 사진은 1989년 6월 4일, 지식인으로 보이는 하얀 셔츠를 입은 남성이 홀로 탱크 앞에 서서 군대의 무력 진압을 막으려 하는 강렬한 시각 내러티브를 전달한다. 중국 밖에서 이 이미지는 피로 범벅된 시신들이 있는 다른 사진들보다 훨씬 더 오래 광범위하게 힘을 발휘하는 천안문 사건의 아이콘으로 자리 잡아왔다. '탱크맨' 사진은 한 명이 홀로 대항하는 이미지라는 이유로 더 대중적이게 되는데, '개인'을 중심으로 하는 서구 개인주의의 이상을 잘 담아내기 때문이다. 그러나 이 사진은 당시 그의 주변에 있었다고 전해지는 여러 명의 시위대들을 제외한 앵글의 샷이라고 알려져 있다.

1989년 천안문 시위. ⓒ AP통신.

사실 천안문민주화운동 당시에 대한 회고문 등 기록을 보면 노동자와 타지방 거주민 등도 많이 참여했으며, 이들에게 당시의 천안문 시위는 일상을 잠시 멈춰 세운 휴업, 휴강, 휴식의 카니발 공간이기도 했다.

　실제로 많은 통계들이 당시 희생자들의 대다수가 일반 시민들이었다고 기록한다. 대학생들과 지식인들이 민주화라는 목적의식하에 강력한 독재 정권에 맞서 싸우다 희생되었다는 기억은 매우 중요한 구성 부분이지만, 이 기억은 당시 참여했던 많은 이들의 각양각색의 기억을 더하여 더 풍부해질 수도 있다. 집단기억의 풍부화는 단지 더 많은 개별 기억을 포함하는 것을 통해서만이 아니라, 소리, 음성, 후각, 촉각 등 다양한 감각 영역을 발굴해내는 것을 통해서도 이루어질 수 있다. 농민 여성들이 옷감에 새겨 넣은 기억의 흔적 등 문자나 시각 이미지가 아닌 여러 형태의 기억들은 기억의 전 세계적 연대를 확대할 것이며, 이는 부정론자들의 증거 물신주의를 에워싸는 포위 전선이 될 수도 있을 듯하다.

전쟁과 여성
이디스 카벨을 기억하다

김영주
서강대 영문학부

영국 런던의 트래펄가 광장 인근은 영국의 역사와 문화가 공간적으로 집약된 곳이다. 국립초상화미술관과 영국국립미술관을 북쪽으로 두고, 광장 남서쪽으로 웨스트민스터 사원과 국회의사당, 정부 청사들과 버킹엄 궁전으로 이어진다. 런던을 방문한 사람이라면 누구나 발을 들여놓았을 트래펄가 광장의 이정표는 단연 거대한 네 마리의 청동 사자상에 둘러싸여 하늘을 찌를 듯이 솟아 있는 넬슨 제독 기념비다. 트래펄가 광장에는 나폴레옹에 맞서 해상 승리를 이끌었던 넬슨을 포함해 영국의 전쟁 영웅들을 기리는 다른 동상들도 여럿 있다. 인도 최초의 독립 항쟁인 세포이 반란을 진압했던 네이피어 장군과 해브록 장군의 동상이 19세기 중반 건립되었고, 1차 대전에서 영국 전함을 지휘했던 젤리코 제독과 비티 제독, 커닝엄 제독의 청동상이 1940년대에 더해졌다.

이디스 카벨 기념비. ⓒ 김영주.

넬슨 제독 기념비를 중심으로 영국 전쟁 영웅들의 조각
상, 그리고 화이트홀 거리를 따라 1차 대전 참전 군인을 기
리는 전몰장병위령비로 이어지는 이곳은 가히 전쟁 영웅을
기리는 기억의 공간이라 할 수 있다. 이 지역을 바쁘게 둘러
보려는 사람들의 눈길은 높이 50미터가 넘는 위용으로 압도
하는 넬슨 기념비와 그 왼편에 자리한 유서 깊은 교회 사이

작은 거리에 서 있는 비교적 아담한 크기의 이디스 카벨Edith Cavell 기념비를 놓치기 십상이다. 한쪽 어깨를 살짝 비틀고 곧은 자세로 서 있는 여성의 형상을 한 하얀 대리석상은 남성적 권위와 군사적 위용을 뽐내는 다른 청동상들에 비해 다분히 이질적이다. 수 세기 동안 대영제국이 치른 전쟁을 기억하고 기리는 공간 한쪽에 자리 잡은 기념비의 주인공, 이디스 카벨은 과연 누구인가?

1915년 10월 12일, 49세의 영국인 간호사 카벨은 벨기에의 수도 브뤼셀에서 독일군에게 처형당했다. 1865년 영국 노리치에서 태어난 카벨은 서른 살에 간호사 수련을 받았고 1907년부터 브뤼셀에서 벨기에 최초의 간호사 실습 학교를 운영했다. 1914년 8월 독일이 벨기에를 침공한 직후 카벨은 간호사 학교를 적십자병원으로 전환하고 부상병들을 돌보는 한편, 점령 도시에 남게 된 영국 군인과 프랑스 군인 200여 명을 독일의 손길이 미치지 않는 네덜란드로 피신시키거나 연합군 진지에 합류시키는 데 일조했다. 1915년 8월 5일 카벨은 반역죄로 독일군에게 체포되어 10월 12일 총살당했다.

카벨의 죽음은 영국 사회에 큰 반향을 일으켰다. 영국 정부는 그해 10월 29일을 카벨의 추모일로 지정하고 알렉산드라 왕비가 주최하는 추모식을 런던의 세인트 폴 성당에서 거행했다. 여성이자 민간인인 간호사의 죽음을 국가 차원에서 기리며 추모하는 것은 전시 중에 아주 드문 일이었다. 더욱 놀라운 것은 전쟁이 끝난 후 영국 정부가 브뤼셀 교외에

묻힌 카벨의 유해를 수습해 영국으로 송환한 후 1919년 5월 웨스트민스터 사원에서 국장으로 카벨의 장례식을 치렀다는 점이다. 당시 영국은 해외에서 전사한 군인들의 유해를 본국으로 송환하는 것을 금하고 있었기에, 이와 같이 까다로운 절차를 밟아가며 카벨의 유해를 발굴하고 확인해 송환한 것은 지극히 이례적인 일이었다.

1920년 트래펄가 광장 인근에 세워진 카벨 기념비는 민관의 공동 노력으로 완성되었다. 1915년 카벨의 죽음이 알려진 직후 영국의 일간지 『데일리 텔레그래프*The Daily Telegraph*』는 카벨 기념비 건립을 위한 공공 기금을 모으기 시작했고, 웨스트민스터시는 부지를 무상으로 제공했으며, 조각가인 조지 프램프턴George Frampton은 보수 없이 조각상 제작을 자청했다. 국가의 전쟁 영웅을 기리는 기억의 공간에 세워진 카벨 기념비는 여러모로 의미심장하다. 첫째, 카벨 기념비는 여왕을 제외하고 실존 여성 인물을 기리는 조각상이 거의 없던 시대에 건립되었다. 둘째, 국가의 공적 영역에서 여성의 존재를 허용하지 않던 빅토리아조의 가치관이 여전히 남아 있던 시대에 미혼 여성인 카벨을 공적인 기억의 장으로 호명했다. 셋째, 당시는 전쟁 중 여성의 역할이 주로 후방에서 군수물자 생산에 참여하거나 전방의 군인들에게 필요한 물품을 준비하는 것에 제한되던 시대였다. 요컨대, 카벨은 여성이자 민간인 간호사였음에도 불구하고 전쟁에 대한 국가의 공식기억 속에, 남성적 공간으로 체화된 기념비 문

독일군의 잔인함을 여성의 몸에 대한 폭력으로
나타낸 포스터. ⓒ 김영주.

화 속에 당당히 기입된 것이다.

　카벨의 죽음을 기리고 기억하는 과정은 전쟁과 여성, 특
히 전쟁을 경험하고 추모하는 공동체가 한 여성을 어떻게
기억하는가에 관해 많은 점을 시사한다. 1915년 카벨의 군
법 처형부터 1920년 카벨 기념비 건립 이후까지의 과정을
자세히 살펴보자. 전시에 카벨의 죽음은 독일군의 야만성을
부각하여 영국과 연합군 남성들의 분노를 일깨우는 기제로
활용되었다. 카벨의 죽음은 엽서나 잡지에서 흰색 간호사복
차림의 앳된 여성이 독일 군인의 군홧발에 짓밟히고 있는
이미지로 그려졌다. 단정한 간호사복 차림의 카벨의 옆모습

은 에식스 지역에서 발행한 참전 독려 포스터의 한가운데에 실렸다. 군사재판을 받을 때 한 번도 간호사복을 입지 않았고 총살될 당시 49세였던 실제 모습과 달리, 대중의 상상력 속에 카벨은 앳되고 연약한 여성이자 희생과 돌봄을 실행하다 유린당하는 간호사의 모습으로 새겨졌던 것이다. 특히 카벨의 처형 장면을 둘러싼 여러 이야기 중 카벨이 자신에게 총을 겨누는 독일 군인들을 마주하고 기절했다는 이야기는 신체적으로 연약한 여성 카벨의 이미지를 강조하며 널리 회자되었다.

이에 반해 전후 제막된 조각상은 단호하고 당당한 모습으로 죽음을 맞이하는 카벨을 부각한다. 차갑고 단단한 대리석의 질감과 어울리게 단순하고 곧은 선으로 형상화된 카벨 조각상은 우아한 강인함을 드러낸다. 프램프턴이 제작한 기념비는 전쟁 영웅 카벨의 면모를 강조했다. 카벨 조각상의 배경인 화강암 기둥의 네 면에는 각각 "자애, 희생, 헌신, 인내"라는 문구가, 그리고 전면 상단의 십자가 문양 아래에는 "국왕과 조국을 위하여"라는 문구가 새겨져 있다. 처형되기 직전 카벨이 남겼다고 알려진 유언인 "내 나라를 위해 나는 기꺼이 죽을 수 있다"는 말은 자기희생적인 애국심의 토로로 여겨졌다.

그러나 제막식 이후에 카벨의 유언에 대한 논란이 제기되었다. 카벨의 투옥 중 성찬식을 집도했던 영국인 성공회 사제는 성찬식 후 카벨이 "애국주의로는 충분하지 않다는 것을 깨달았습니다. 나는 그 누구를 향해서건 증오도 비탄도 품지 않겠습니다"라는 말을 남겼다고 전했다. 이에 영국 국립여성협의회는 카벨의 유지를 바로 새겨야 한다고 관련 기관에 이의를 제기했고, 1924년 이 문구는 카벨 조각상에 새로 새겨졌다. 이로써 카벨 기념비에는 헌신적인 애국심의 토로와 편협한 애국주의에 대한 질타가 모두 새겨지게 되었다. 카벨은 불굴의 강인함으로 전쟁 중인 국가에 헌신한 여성의 표상인가, 아니면 남성 중심적인 민족주의와 애국주의의 한계를 직시하고 반전과 평화주의를 주창하는 여성의 목소리를 대변하는 인물인가?

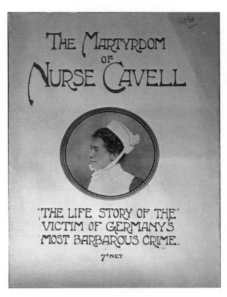

이디스 카벨의 '순교.' 영국 임페리얼 전쟁박물관 전시품. ⓒ 김영주.

전시와 전후에 부각된 카벨의 이미지는 서로 상반된 여성 상을 담고 있다. 카벨의 영웅담과 죽음의 비극성은 한편으로는 독일 점령 치하에서 연합군의 비밀 조직 일원으로 활동했던 카벨의 정신적 담대함을, 다른 한편으론 의식을 잃고 쓰러진 여성을 잔인하게 총살한 독일 장교의 비열함을 되새기기에 안성맞춤이었다. 이는 카벨을 기억하는 과정에 당시의 국가 공동체가 각각 필요로 했던 여성성을 주조하는 기제가 작동했음을 보여준다.

이디스 카벨은 플로렌스 나이팅게일Florence Nightingale 다음으로 영어권 문화에서 가장 유명한 간호사였다. 영국 런던뿐 아니라 벨기에 브뤼셀, 호주 멜버른, 뉴질랜드 리프턴에는 카벨의 이름을 딴 거리가 있고, 영국, 아일랜드, 캐나다, 미국, 호주, 남아프리카공화국 등에는 카벨의 이름을 기리는 간호사 학교나 병원이 있다. 캐나다의 로키산맥에는 장엄한 카벨 봉우리가 우뚝 솟아 있고, 뉴질랜드의 험준한 산악 지역에는 카벨교가 아찔한 협곡을 잇고 있다. 1915년 전쟁 중에 죽음을 맞은 카벨은 기념비로, 거리명으로, 기관명으로, 자연 풍경의 일부로 여전히 호명된다. 그러나 영미 문화권에서도 실제 인물 카벨은 거의 잊혔고, 우리에게는 더욱 낯선 인물이다. 전쟁과 성, 전쟁 영웅주의와 반전주의, 여성의 몸과 직업, 국가 정체성 수립과 제국주의 영토 확장, 숭엄한 자연이 얽힌 기억의 공간에 남아 여전히 소환되는 카벨은 과연 누구이며 무엇일까?

태국 최초로 왕실을 공개 비판하다
'입헌정치' 대중운동 시작한 청년들

서지원
서울대 아시아언어문명학부

사남루앙은 방콕 구도심 왕궁 맞은편의 광장이다. 원래는 왕실의 화장터이지만 평소에는 공원처럼 활용되며 왕실이나 정부, 민간의 행사가 열리기도 한다. 1940년 이래 이 광장의 한쪽 길가 바닥에는 지름 30센티미터가량의 동판이 박혀 있었다. "2475년(서기 1932년) 6월 24일 새벽, 인민당은 민족의 진보를 위해 헌법을 세웠다"라는 글귀가 적힌 이 수수한 동판은 1932년 태국의 절대왕정을 무너뜨리고 입헌군주제로 가는 길을 열었던 인민당 지도자가 입헌민주주의를 선언했던 바로 그 자리를 수십 년간 지켜왔다. 2017년 4월 초 어느 날, 누군가가 입헌혁명을 기념하는 동판을 떼어내고 대신 그 자리에 충효와 불심을 강조하는 글귀가 새겨진 새로운 동판을 박아 넣었다.

입헌혁명의 기억은 오랫동안 화제에서 멀어졌다. 1957년의 쿠데타로 수립된 사릿 장군의 군부 정권은 왕실 신격화에 공을 들였다. 인민당의 입헌혁명 기념일로 떠들썩한 행사가 열리곤 했던 6월 24일은 국경일에서 제외되고, 대신 푸미폰 왕의 생일인 12월 5일이 가장 중요한 국경일로 등극했다. 사릿은 한때 사남루앙의 입헌혁명 기념 동판을 제거하기도 했으나, 그가 사망한 후 의회의 사무총장이 동판을 같은 자리에 다시 설치했다.

이제는 과거가 된 태국의 선거민주주의 시절에도 인민당의 기억은 그다지 인기를 끌지 못했다. 좌파들이 보기에 서구에서 교육받은 장교와 민간 공무원들로 이루어진 인민당은 대중적 기반이 없는 엘리트 부르주아 집단이었다. 더구나 인민당 출신으로 오래 집권했던 피분 총리는 국수주의적이고 권위주의적인 면모를 갖고 있었고, 2차 대전 시기에 일본 및 추축국과 협력한 탓에 파시스트로 불리기도 했다. 1970년대의 민주화 운동가들은 왕실을 상징적으로 활용함으로써 군부독재에 저항하려 했다. 그들은 피분과 인민당이 아닌, 인민당이 퇴위시킨 라마 7세 쁘라차티뽁 왕을 민주화 운동의 원조로 삼았다. 라마 4세는 나라의 독립을, 라마 5세는 근대화를 이루었고, 라마 7세는 민주화로 가는 길을 열었다. 이렇게 파열 없이 순탄하게 진행된 역사적 서사의 끝에 1990년대의 민주화된 태국이 있었다.

왕실의 역할에 대한 의문은 왕실이 본격적으로 정치화된 2005년 탁신 반대 시위와 2006년의 쿠데타를 거치면서 고개를 들기 시작했다. 입헌민주주의라는 말이 무색할 정도로 태국 왕실은 사릿 군부 정권 이래 내내 중요한 정치적 역할을 수행해왔다. 푸미폰 왕은 자애로운 아버지이자 여러 정치 세력 위에 군림하는 자로서 그들의 다툼을 중재하여, 거역할 수 없기에 평화로 이어지는 해결책을 이끌어내곤 했다.

그래서 2005년 탁신 반대 시위대가 노란 셔츠를 입고 왕실을 찬양하며 선거로 뽑힌 탁신 총리를 퇴진시키려 했을 때, 탁신의 지지 세력도 똑같이 왕실을 찬양하며 탁신을 지키려 했다. 왕실의 기득권에 도전하는 탁신을 못마땅해한 왕실 인사들이 배후 조종했다는 소문이 따라다녔던 2006년의 군사 쿠데타 이후에도 탁신 지지 세력은 공공연히 왕실을 비난하지 않았다. 택시 기사 등 도시의 서민과 가난한 농민 위주로 이루어진 탁신 지지 세력 상당수는 지난 수십 년 동안 교육받은 대로 왕실을 진심으로 사랑했다. 그들을 무지렁이 취급하며 포퓰리즘이 되어버린 민주주의를 엘리트 정치로 대체하자고 주장하던 반탁신 노란 셔츠 '민주주의민중연대'에 맞서, 1인 1표와 평등의 원칙을 주장해온 친탁신 붉은 셔츠는 민중을 자애롭게 사랑한다는 왕실이 그들의 요구를 지지해주지 않을까 기대했다.

그러나 왕비가 노란 셔츠 시위대의 장례식에 참가하는 것을 보며 그들은 '눈을 떴다.'• 더욱이 2010년 방콕 도심에서

• Khorapin Phuaphansawat, "Anti-Royalism in Thailand Since 2006: Ideological Shifts and Resistance," *Journal of Contemporary Asia* 48:3(2018).

붉은 셔츠가 벌인 시위에 대한 진압으로 90명 이상이 사망하는 대형 유혈 사태가 벌어졌는데도 침묵하는 왕실의 모습을 보면서, 왕실의 정치적 중립이나 자애로움에 대한 그들의 믿음은 사라졌다.

여러 가지 의미에서 왕실은 이미 예전의 왕실이 아니었다. 왕정주의는 점점 더 극단적인 형태를 띠었다. 형법 112조 또는 왕실모독죄는 정부의 반대파에게 무차별적으로 적용되었다. 왕실모독죄로 살인죄보다 더 가혹한 70년 형을 선고받은 사람이 있는가 하면, 왕실이 키우던 개에 대한 모독적인 글을 게시했다는 이유로 기소된 노동자도 있었다. 왕실모독죄의 남용을 비판한 역사학 교수는 직장을 그만두고 프랑스 파리로 망명을 떠나야 했다. 외국 국적자를 포함해 수백 명이 왕실모독죄로 기소되어 고난을 겪었다.

기관으로서의 왕실에도 중대한 변화가 생겼다. 2005년부터 병상에 누워 있던 푸미폰 국왕이 2016년 세상을 떠났다. 입헌혁명 이후 외국 생활을 하다가 1946년 즉위하여 70년간 왕위를 지킨 푸미폰 국왕은 자신이 신격화되기 이전, 입헌군주제에 가까운 방식으로 국정이 운영되던 시절을 기억했다. 그의 뒤를 이어 즉위한 와치랄롱꼰 왕은 그런 기억이 없었다. 신왕은 『포브스*Forbes*』지가 세계에서 가장 부유한 왕실로 꼽은 태국 왕실의 자산을 왕실자산청의 관할에서 꺼내어 개인 소유로 만들었다. 왕실 칙령에 대한 의회의 인준 절차는 폐지되었다. 태국 정치는 입헌혁명 이전의 전근대를 향해

후퇴하고 있었지만, 2014년의 군사 쿠데타로 본격적인 군부 통치가 시작된 이후 왕실을 지킨다는 명분에 더욱 기대게 된 정부는 이러한 변화를 통제할 의지도 능력도 없었다.

1932년 인민당의 기억은 왕실에 대한 실망과 극단적 왕정주의에 대한 불만으로 '눈을 뜬' 저항자들에 의해 되살아났다. 활동가들은 매년 6월 24일 사남루앙의 동판을 둘러싸고 입헌혁명 기념식을 열었다. 2017년의 동판 도둑질은 오히려 역사적 가치를 인정받지 못하고 각지에서 철거되어가던 입헌혁명 기념물과 인민당 정부 시절의 건축물에 대한 관심을 되살리는 계기가 되었다. 왕실에 대한 공개적 저항도 잦아졌다. 푸미폰 왕의 초상화에 불을 붙였다는 혐의로 5명이 체포되는가 하면, 독일 뮌헨의 와치랄롱꼰 왕 자택을 찾아가 1932년 인민당의 성명서를 낭독하며 현재의 왕은 왕의 자격이 없다고 공개 비난한 활동가들도 있었다.

2017년 동판이 사라진 이래 6월 24일의 입헌혁명 기념식은 열리지 않고 있었다. 그런데 2020년 7월, 어느 단체가 방콕의 민주기념탑 주변에서 피분 전 총리의 123번째 생일을 축하하는 행사를 개최했다. 민주기념탑은 1938년 피분이 태국 헌법의 탄생을 기념하는 의미에서 지은 기념비다. 1948년 헌법을 상징하는 중앙의 조형물이 쁘라차티뽁 왕의 동상으로 대체될 뻔했으나 이 계획은 취소되었고, 민주기념탑은 예전의 모습을 지키고 있다. 민주기념탑에 모인 활동가들은 피분이 1930년대에 민족 전통으로 발명했다고 알려진 볶음

1938년 피분 총리가 태국 헌법의 탄생을 기념해 세운 민주기념탑.
ⓒ 위키미디어 커먼스.

국수 팟타이를 먹으며 "독재는 무너진다, 팟타이 만세"등의
구호를 외쳤다. 그들은 피분이 파시스트적 면모가 있었을지
언정 태국 입헌정치의 발전에 그와 인민당이 세운 공로는
기억되어야 한다고 주장했다.

피분의 생일잔치가 열린 그 주 토요일 밤, 2000여 명의 젊
은이들이 민주기념탑 앞에서 헌법 개정과 의회 해산, 총선
재실시, 정치적 탄압 중단을 요구하며 시위를 벌였다. 그들
은 사회 활동가 완찰름이 망명지 프놈펜에서 납치된 후 행
방불명 상태인 것, 티와꼰이 "왕실에 대한 내 믿음은 끝났
어"라는 문구가 박힌 티셔츠를 입었다는 이유로 정신병원
에 감금된 것 등의 탄압 사례에 대한 분노를 표출했다. 한

달 만에 시위대는 열 배로 불어났다. 시위대의 주축을 이룬 20대 초반의 청년들은 군부 통치 시대에 성장한 세대로서, 1990년대의 선거민주주의도 겪지 못했고 노란 셔츠와 붉은 셔츠가 대립하던 시대의 대중정치 경험도 전무하다.

인민당이 혁명적 전환을 초래한 이후 인민은 우리 나라가 진정으로 정치 위에 있는 왕을 국가수반으로 갖는 민주주의가 되기를 소망해왔다. 그러나 왕은 위로부터 정치에 개입하기 위해 권력을 행사해왔기에 이는 실현되지 않았다.

2020년 8월 10일 밤, 21세 학생운동가 빠나사야가 시위대 앞에서 낭독한 선언문의 첫머리다. 왕실 개혁과 입헌민주주의 실현을 위한 열 개 의제를 제시한 이 선언은 일주일 전 인

태국 민주주의 시위. © 위키미디어 커먼스.

권변호사 아논 남파가 해리 포터를 테마로 한 시위에서 왕실의 정치적 역할에 문제 제기를 했던 연설과 더불어 태국 정치사상 최초의 왕실 공개 비판으로 기록된다. 1932년 6월 24일을 기념하는 동판은 강제 실종되었지만, 인민당의 기억은 젊은이들과 함께 돌아왔다.

체제나 정책의 변화 여부로 2020년 하반기에 시작된 태국 반정부 시위를 평가한다면 성공이라고 할 수는 없다. 왕실모독죄로 아논 남파와 빠나사야 등 시위 지도부를 비롯해 150명 이상이 기소되었다. 여기에 더해 2021년 11월 태국 헌법재판소는 이들의 개혁 요구에 왕실을 전복하려는 숨은 의도가 있다며 활동을 중단하라는 판결을 내렸다. 그러나 대중운동으로서의 입헌혁명은 이미 시작되었고 이것은 주워 담을 수 없는 역사의 흐름으로 남을 것이다.

소련의 '순교 성인' 파블리크 모로조프
정치종교의 순교 성인과 환속 사이의
기억 갈등

이종훈
전 러시아 과학아카데미 산하 러시아사연구소 연구원

러시아혁명은 발발 10여 년 만에 스탈린 체제로 귀결되어 전형적인 대중독재이자 정치종교의 성격을 지니게 된다. 대중독재가 20세기에 들어오면서 파시즘 및 나치즘과 함께 그 본격적인 모습을 드러낸다면, 정치종교는 기성종교를 탄압하고 정치 자체를 세속종교로 만들고자 했던 프랑스혁명 시기까지 그 기원이 소급된다. 스탈린 권력도 자코뱅 권력처럼 정치 이념의 순교자를 만들어내며 이에 대한 신성화-영웅화 작업에 착수했다. 서양 미술사에서 주로 대표적인 신고전주의 화가로만 알려진 자크 루이 다비드 Jacques Louis David는 한편으로 열성적인 자코뱅 당원이었다. 그는 반혁명 세력의 자객에게 피살된 마라Jean Paul Marat나 루이미셸 르펠티에Louis-Michel le Peletier 등 혁명 이념을 위한 순교의 '성인화'를 제작하기도 했고, 마라의 장례식 과정 전반을 기획한 정치종교의 '사제'이기도 했다. 나아가 다비드는 반혁명 왕당파의 회유에도 불구하고 '공화국 만세'를 외치다가 13세의 나이로 살해된 바라Joseph Bara를 기리는 '성인화' 제작도 시도했다. (이 소년 '순교 성인'의 유해가 혁명의 성전이라고 할 팡테옹으로 이장이 예정된 날 하루 전에 테르미도르 반동이 일어나, 그다음 날 로베스피에르Maximilien de Robespierre가 처형된다.) 프랑스혁명의 자코뱅 집권기에 바라가 있었다면, 러시아혁명 이후 스탈린 체제에는 '파블리크'가 있다.

1932년 파블리크 모로조프Pavlik Morozov는 우랄산맥 남쪽 동사면에 자리한 스베르들롭스크(현재의 에카테린부르크)시 북동쪽으로 350킬로미터 떨어진 농촌 마을 게라시모프카의 소비에트(마을회의) 의장인 자신의 부친이 국가의 적인 부농들에게 신분증이나 서류를 위조해주고 곡물을 사례로 받는 '부당' 행위를 한 사실을 공안 기관에 고발했다고 알려져 있다. 이때가 13세였다(사실 그의 출생 연도에 대한 정확한 기록은 없지만, 혁명 이후 성장한 '순수성'을 강조하기 위해 1918년으로 정했다는 해석도 나오고 있다). 그의 부친은 기소되어 10년 형을 선고받고 혹한의 강풍이 몰아치는 솔로베츠키 수용소로 압송되었다. 이에 분개한 파블리크의 백부, 조부모, 사촌 형이 '작당'하여 9월 3일 숲에서 산딸기를 따고 있던 파블리크와 남동생을 살해했다는 것이 당시의 공식 보도 내용이다. 살인 용의자들은 기소되어 총살되었다. 재판이 일시 휴정에 들어갈 때면 방청객들이 〈인터내셔널가〉를 불렀다는 기록도 있다. 전국 각지에서 피의자들에게 일체의 관용을 베풀지 말라고 청원하는 수천 통의 전보가 관계 당국에 수신되었다.

파블리크를 어린 '순교 성인'으로 시성諡聖하는 정치종교의 사제들이 나타나기 시작했다. 그 주임 사제 역을 자처한 이는 막심 고리키Maksim Gor'kii였다. 그는 파블리크를 가리켜 '가까운 혈육이 쉽사리 사상의 적이 될 수 있음을 이해한 소년'이라고 치켜세웠다. '순교 성인' 파블리크는 이제 소련에서 유년 조직이라고 할 '피오네리'의 핵심 인물로 자리매김되었다. 영화감독 세르게이 예이젠시테인Sergei Mikhailovich Eizenshtein은 투르게네프Ivan Sergeevich Turgenev 작품의 모티프를 차용하여 1936년에 〈베진 초원〉이라는 영화를 제작했는데, 신구 질서가 교체되는 농촌 사회에서 세대 갈등 문제를 다루며 파블리크의 이야기를 기본 줄거리로 담았다. 아동문학가 세르게이 미할코프Sergei Mikhalkov는 '피오네리' 소년단의 단가團歌나 다름없는 〈파블리크 모로조프의 노래〉를 작시했는데, "적들과 투쟁하면서 온 마을에 부친의 죄상을 폭로했다"는 섬뜩한 구절이 나온다. 이후 미할코프는 1944년에 작곡된 소련 국가에 스탈린 예찬의 노랫말을 썼으며, 스탈린 격하 운동 이후에는 스탈린 이름이 삭제된 국가 가사를 작시했고, 소련 붕괴 이후에는 놀랍게도 푸틴Vladimir Vladimirovich Putin의 요청으로 다시 현 〈러시아연방 애국가〉의 노랫말을 새로 썼다. (저명한 영화감독인 그의 두 아들이 모두 스탈린 시대의 폭압을 고발하는 영화를 제작한 점은 오히려 신선하게 느껴질 정도다.) 고리키, 예이젠시테인, 미할코프 등은 모두 스탈린주의라는 정치종교에서 어찌 보면 평범했을 가련한 한 시골 소년을 혁명 이념의 '순교자'로 둔갑시킨 '사제' 역할을 기꺼이 수행했다.

소년 바라를 통하여 프랑스혁명의 소년 '순교 성인' 이미지를 창출한 다비드는 혁명 전야에 고대 로마 역사를 소재로 한 두 작품에서 호라티우스 일가와 브루투스 일가의 이야기를 다룬 바 있다. 그는 로마라는 공적 대의를 위하여 가족 관계까지 희생했던 인물들을 작품에서 제시하여 훗날의 자코뱅 혁명가들에게 감동을 준 바 있다. 스탈린주의라는 정치종교의 사제들이 창출해낸 '순교 성인' 파블리크는 바로 이러한 경우에 해당된다. 그러나 정작 스탈린은 이를 탐탁지 않게 여겼다고 한다. 스탈린 시대의 대표적 연구자인 피츠패트릭Sheila Fitzpatrick은 "지 아비를 고자질한 새끼 돼지 같은 놈"이라는 비하 발언이 스탈린에게서 흘러나왔다는 점을 짚고 넘어간다. 피츠패트릭은 아무리 고발이 난무한 시대였지만, 온 가족과 자신마저 위험에 처하게 할 가족 구성원에 대한 고발은 스탈린 치하에서도 상대적으로 드문 사례였을 것으로 추정한다. 파블리크 피살 이후 얼마 지나지 않은 시기에 십수 명의 비슷한 또래 소년 소녀 고발 영웅이 연속적으로 등장한다는 것은 '작위적'이라고, 서방세계로 망명한 반체제 문필가이자 파블리크 모로조프에 대한 최

초의 연구서를 내어놓은 드루즈니코프Yuri Druzhnikov는 규정
한다.

정치권력에 의해 일정하게 소비되고 다시 묻어두는 영웅
만들기 사례를 극명하게 보여주는 것이 바로 수도 모스크바
의 파블리크 모로조프 동상이라고 드루즈니코프는 지적한
바 있다. 1930년대 초반 전국적인 동상 건립 청원 열기에도
불구하고, 정작 가장 상징성을 지닌 수도 모스크바에 동상
제막이 있었던 것은 1940년대 말이다. 그 장소는 붉은광장
이 아니라 크렘린에서 2킬로미터 서쪽으로 떨어진 한적한
공원이었고, 처음 논의되던 것보다 훨씬 왜소한 규모였다.
그렇다 해도 1970년대부터 소련 정부에 반감을 가진 지식인
들에게는 동상 자체가 용납할 수 없는 스탈린 시대의 조작
물로서 증오의 대상이었다. 그로 인해 1991년 8월 24일 보
수파 쿠데타 실패 직후 루뱐카광장에 서 있던 소련 비밀경
찰의 창시자 제르진스키Felix Dzerzhinsky 동상이 철거될 때, 파
블리크 동상도 함께 철거되었다. 전자는 국립 트레챠콥스키
미술관 별관 근처의 조각공원으로 이전되었으나, 후자는 아
예 행방이 묘연하다. 이는 소비에트 시대에 대한 반감이, 보
기에 따라서는 지난날의 치부를 아예 은폐하려는 기억 소거
의 움직임으로 작용한 경우라고 할 수 있다. 또한 소련이 해
체된 이후 러시아연방 법원이 파블리크 살해자들의 복권을
인정하지 않았음에 대한 반발심의 표현일 수도 있다. 이 책
에서도 지적하듯이, 법원 판결로 '기억의 사법화' 현상이 우

려된다.

구소련 및 러시아연방 자유주의자들의 인식에는 드루즈니코프의 연구서가 상당히 큰 영향을 주었을 것이다. 그는 특히 파블리크 살해에 공안 기관이 연루되었음을 강력히 시사한다. 반면 2005년에 파블리크에 대한 연구서를 펴낸 영국 역사가 카트리오나 켈리Catriona Kelly는 드루즈니코프의 추정에 충분한 근거가 없음을 현지답사 및 방대한 관련 자료 조사로 밝혀낸다. 켈리는 파블리크를 러시아의 평범한 시골 소년으로 해석한다. 그의 연구는 정치종교의 '순교 성인을 환속遺俗'시키려는 경향을 보여준다. 임지현 소장이 포스트 광주 세대인 강상우 감독의 다큐멘터리 영화 〈김군〉을 거론하며 "'김군'처럼 버려지고 잊힌 광주 '서벌턴subaltern'(소외 계층)의 역사적 복권이 5·18 왜곡 처벌보다 더 중요"하다고 언급했던 바와 일맥상통한다.

끝으로, 사하로프Andrei Dimitrievich Sakharov 등이 중심이 되어 결성한, 소비에트 시대 인권 문제를 다루는 러시아의 비영리단체 '메모리알'의 활동도 파블리크 문제를 바람직한 사회적 기억으로 보존하는 데 일정한 역할을 할 수 있다. 정치종교에 의해 만들어진 순교 성인의 이미지와 이것을 소비하고 열광했던 당시 소련 청소년의 기억을 (그리고 그 흔적을) 보존한다는 점에서 그렇다. 파블리크 모로조프 기념관의 큐레이터인 타티아나 쿠즈네초바는 서방 언론의 취재에 응하면서 시사적인 발언을 했다. "아마 그는 영웅이 아니라 단지 조그마한 애였을지도 모르죠. 그러나 그 시대에 우리는 영웅이 필요했습니다."

증언 채록을 포함한 파블리크 관련 자료를 보완하고 확충하려는 메모리알 예카테린부르크 지부 활동에 2003년 소로스George Soros의 개방사회재단이 7000달러를 기부했다. 이에 대한 최근 현지 여론은 '반소비에트 및 친서방' 노선으로 운영될 가능성을 우려하여 부정적이다. 즉 소련 붕괴를 앞당긴, 1991년의 소련공산당 보수파 쿠데타에 항거하던 친서방 자유주의 시기와 이후 30년이 경과한 현시점의 사회 분위기가 크게 달라져 상이한 기억의 갈등이 나타나고 있다. 1989년에 출범한 메모리알은 1990년 10월 30일에 루뱐카광장 한쪽에 혹한의 강제수용소가 있던 백해 솔로베츠키섬에서 가져온 돌에 스탈린 시대 희생자 이름을 새겨 조형물을 남겨놓았다. 이름하여 '솔로베츠키 돌'이다. 그다음 해 이 돌을 굽어보던 제르진스키 동상이 극적으로 철거되고, 파블리크의 동상도 곧이어 철거되어 현재 행방이 묘연하다.

이렇듯 정리된 듯 보였던 러시아 상황이 최근 크게 변하고 있다. 2021년 2월 여론조사에서 철거된 제르진스키 동상을 루뱐카광장에 복원해야 한다는 의견이 40퍼센트를 넘어 찬반 여론이 팽팽히 맞서게 되었다. 모스크바시는 동상을 복원하면 여론 분열의 상징이 될 것이므로 동상 복원 및 여론조사를 중지한다고 밝혔다. 찬반 여론이 엇비슷한 제르진스키의 경우와 달리, 스탈린 및 소비에트 시대에 대한 긍정적 여론은 지난 20년간 크게 늘었다. 현재 러시아연방에 일고 있는 이러한 사회 분위기는 정치종교의 '순교 성인' 파블리크 모로조프의 환속을 상당히 지연시킬지도 모른다.

4부 기록되고 기록하다

모든 것을 무릅쓴 기록들, 재난 아카이브[*]

박현선
고려대 국제대학

재난이 도처에 있다. 코로나19 사태는 재난이 우리의 일상을 어떻게 바꾸어놓을 수 있는지를 분명히 보여주었다. 이 사태는 그 규모와 파급력에서 초유의 사태라 할 수 있지만, 전 세계가 재난사회로 진입한 것은 이번이 그 시작이라고 보기 힘들다. 이미 탈냉전과 신자유주의의 시대와 함께 가속화된 기후변화는 고도 성장주의를 바탕으로 한 자본주의와 민족/국가주의의 여러 문제를 불길하게 지시해왔다. 2005년 미 남동부를 강타한 카트리나 허리케인과 2011년 동일본 대지진에 이어, 지난해 호주에서 발생한 산불은 6개월간 지속되어 한반도 면적의 85퍼센트를 불태우며 사방

● 이 글은 2020년 2월 19일 『경향신문』에 실린 기고문과 「재난, 아카이브, 이미지—재난 기억의 문화적 실천」, 『한국극예술연구』(한국극예술학회, 2020)를 바탕으로 한다.

을 붉게 물들였고, 동물과 곤충을 포함해 12억이 넘는 생명들을 앗아 갔다. 마찬가지로 국내에서도 재난은 해마다 끊임없이 발생했다. 2016년 울산-경주 지진, 2017년 포항 지진, 같은 해 청주 수해, 2018년 폭염 피해, 2019년 고성-속초 산불 등 재앙적 재해의 리스트는 더욱 길어지며 반복해서 이어진다. 비단 질병과 지진, 산불만이 아니다. 2000년대 시작된 가습기 살균제 사망 사건, 2009년 용산 참사, 2014년 세월호 침몰 사건, 2016년 강남역 여성혐오 살해 사건과 같은 해 구의역 청년 노동자 사망 사건, 2018년 태안화력발전소 김용균 사망 사건, 그리고 2021년과 2022년 연이어 일어난 광주 붕괴 사고까지 사회적·국가적·산업적 재난들이 끊이지 않는다. 그리고 오늘도 여덟 시간에 한 명, 하루에 세 명의 노동자가 사고로 사망한다.

오늘의 재난은 '재난자본주의'의 민낯을 여실히 드러낸다. 사람보다는 돈이, 안전보다는 성장이 제일 우선이다. 재난에 대응해야 할 국가의 제도와 시스템은 자본의 이해관계와 유착되어 있다. 재난 사태는 새로운 이윤을 창출하고 통치를 강화할 좋은 기회다. 재난자본주의 사회에서 생존하기란 사회적 신뢰를 벗어버리고 더 나은 삶에 대한 믿음을 포기하는 일이다. 경쟁의 논리가 삶을 다스린다. 오만한 자여, 위대함을 누릴지어다. 약한 자여, 재난을 받을지어다. 한국 사회에서 가장 무서운 것이 재난의 피해자가 되는 일인 이유가 여기에 있다.

한 시민이 서울 구의역 스크린도어 사고로 숨진 김 모 군을 추모하고 있다. ⓒ 연합뉴스.

재난에는 준비와 대처, 복구라는 키워드가 뒤따른다. 그러나 재난에 대한 기억, 그 아픔은 어디로 가는가? 우리는 강남역 10번 출구와 구의역 승강장 9-4 스크린도어에 붙은 형형색색의 포스트잇 물결을 기억한다. "너의 잘못이 아니야," "내가 거기 없었기 때문에 네가 죽었어"라고 말하는 문구들은 재난의 피해자들에게 보내는 위로이자 거리에서 실현된 기억의 아카이브였다. 이는 한국 사회에서 줄곧 피해자의 위치에 서는 여성, 비정규직 노동자, 청년 들의 아픔을 교감하고 현실의 변화를 요청하는 소리였다.

재난이 있는 곳에 아카이빙이 있어야 한다. 기록을 담은 장소로서 '아카이브'는 과거가 보존되는 장소일 뿐만 아니라 기억이 만들어지는 장소다. 아카이빙 작업은 우리에게 질문을 던진다. 사회적 참사와 재난에 대한 아카이브는 누구의 그리고 누구를 위한 기억을 담고 있는가? 재난의 기록이 진상 규명과 대처를 중심으로 한 사건 기술을 넘어서 미래의 상상에 열린 창조적 작업이 되기 위해 우리는 어떻게 재난의 정치적 미학을 상상할 것인가? 재난 아카이브의 중요성은 최근 전 세계에서 공유되고 있는 상황이다. 9·11 테러나 동일본 대지진 등 국가적 차원의 재난 사건이 있었던 미국이나 일본은 빠르게 재난 웹 아카이브를 구축함으로써 각 사건에 대해 인터넷상에서 생성되었거나 디지털 자원으로 수집할 수 있는 기록물들을 보존하기 시작했다. 국내에서는 국립중앙도서관이 웹 자원을 포괄적으로 수집, 보존하기 위해 구축한 오아시스OASIS(Online Archiving & Searching Internet Sources)의 일부로 재난 아카이브 콜렉션을 운영하고 있다. 여기에는 1995년 삼풍백화점 붕괴 사건을 시작으로 2019년 헝가리 유람선 사고와 아프리카돼지열병에 이르기까지 총 37건의 재난 사건에 대한 1만 7875건의 기록이 수집되어 있었다. 최근 오아시스에 새롭게 추가된 코로나19 관련 온라인 디지털 정보는 코로나19 발생부터 감염 확산과 확산 방지를 위한 노력, 의학·과학·사회·경제적 양상 등을 다룬 정부 기관과 관련 기관, 단체의 인터넷 홈페이지와 웹 문서, 동영상, 이미지와 같은 웹 자료 등을 포함하고 있다.•
국가나 공공 기관에서 운영하는 재난 아카이브 외에 재난기억의 관점에서 볼 때 더욱 주목할 만한 아카이브 공간들은 아래로부터의 기억을 실천하는 민간 아카이브 장소들이라 할 수 있다. 세월호 참사에 관련된 다양한 기록을 생산, 수집, 정리하기 위해 시작된 '4·16 기억저장소'에서부터 산업재해로 사망한 노동자가 죽음에 이르게 된 과정을 구체적으로 기록하기 위한 '산업재해 아카이브'(김용균 아카이브),■ 최

• http://www.oasis.go.kr/collection/mainDisa.do.
■ 김용균 사망 1주기를 맞아 『경향신문』은 산재 사망사고 아카이브를 만들었다. 고용노동부가 주기적으로 중대 재해 발생 현황 목록을 업데이트하지만, 『경향신문』은 오히려 "통계는 추상적이다"라며 아카이브를 만들게 된 취지에 대해 말한다. 이 아카이브는 사고성 사망 재해에 대해 산업안전보건공단이 작성한 조사 의견서를 토대로 "노동자 한 사람, 한 사람의 이름과 나이 등을 확인하고 죽음에 이르게 된 과정을 구체적으로 되짚었다. 파편화되고 기

경향신문 인터랙티브 사이트 〈매일 김용균이 있었다〉. ⓒ 경향신문.

근 코로나19 사태에 따른 경험 공유 아카이브 사례까지 새
로운 기록 공간이 계속 마련되고 있다.

　재난 아카이브는 객관적 기록의 집합체가 아니라 인식론
적·정동적 투쟁의 장소로서 의미를 지닌다. 이에 대해 크게
세 가지 특징을 이야기해보려고 한다. 먼저, 재난기억의 아
카이브는 기억 행위의 특별한 의미를 담고 있다. 재난기억의
트라우마적 속성과 이를 기록하는 행위에 담긴 복합적인 함
의와 아카이빙을 통한 사회적·문화적 변화 가능성은 일본의
'3·11을 잊지 않기 위한 센터'와 한국의 '4·16 기억저장소'에

억되지 못하는 죽음을 한데 모아 추모한다는 의미도 담았다." 이 아카이브는
온라인 인터랙티브로 작동하며 링크는 다음과 같다. http://news.khan.co.kr/
kh_storytelling/2019/labordeath/?fbclid=IwAR0eLoB3X5eNX0zEKuMg_
BWcuxIkmVG7eFtJwiSEKXoZhh5rsGzXjSdtR6I.

서 실례를 찾아볼 수 있다. 재난 아카이브는 집단적 기억의 사회적 특성에 기반한다. 무언가를 기억할 때 우리는 혼자 기억하지 않고 타인과의 관계 속에서 기억한다. 재난기억은 '사회' 속에서 개인들의 회상을 보증해주는 의사소통적 집단 기억으로서, 모리스 알박스Maurice Halbwachs가 말한 집단기억 collective memory의 개념을 상기시킨다.

둘째, 재난 아카이브에는 애도의 정치가 깃들어 있다. 데리다Jacques Derrida의 표현대로, 트라우마의 기억을 담은 아카이브는 "피부 위에 바로 절개의 흔적을 남긴다. (그러나) 피부보다, 한 세대보다 더 많은 흔적을 남긴다."• 기억에 대한 내재적 장애를 안고 있는 재난기억의 트라우마적 특성은 그 상흔을 극복하기 위해 거쳐야 하는 애도의 작업과 회복을 위한 변형의 과정을 요청한다. 포스트잇 추모 운동은 한국 사회에 자리한 독특한 애도의 정치를 잘 보여준다. 포스트잇 추모는 2014년 세월호 참사 당시 피해자 학생의 부모가 운영하던 세탁소 앞에 실종 학생의 무사 귀환을 바라는 형형색색의 포스트잇이 붙은 것에서 시작해서, 2016년 5월 강남역 여성혐오 살해 사건과 구의역 청년 노동자 사망 사건 추모로 이어졌다. 이는 애도의 목소리와 기억하기의 아카이빙을 문화정치적으로 실천한 것으로 볼 수 있다.■ 즉 포스트

• Jacques Derrida, *Archive Fever: A Freudian Impression*, trans. Eric Prenowitz (Chicago: Chicago Univ. Press, 1996), p. 20.
■ 정원옥, 「재난 시대, 청년 세대의 문화정치」, 『문화/과학』 88호(2016).

잇 추모는 죽은 이에게 동일시되거나 죽은 이가 느꼈을 고통에 공감해서 쓰인 재난 아카이브라고 볼 수 있다.•

셋째, 재난 아카이브의 중요한 함의 중 하나는 정서적 기억 affective memory을 미학적으로 실험한다는 데 있다. 재난에는 준비와 대처, 복구라는 키워드가 뒤따른다. 그러나 '정상성'으로의 복구 이후 재난에 대한 기억, 그 고통은 어디로 가는가? 재난 아카이브는 정동적 기억의 실천이라는 점에서 기록하는 이들의 시적 상상력과 창조성이 이미 내재하고 있다고 볼 수 있다. 이런 측면은 최근 아카이브를 예술 실천의 오브제로 삼아 기존의 자료들을 차용해 새로운 이미지를 만들고 당대 사회의 문제나 재난을 새로운 관점에서 기억하려는 현대 문화예술가들의 작업 속에서 여실히 확인할 수 있다.

결국 재난 아카이브는 살아 있는 기억에 가깝다. 아카이브는 계속해서 새롭게 써나가지 않으면 안 된다. 그러기 위해서는 다수의 기록 활동가들이 피해자의 기억 위에 자신들의 기억을 엮어나가야 한다. 그러나 뼈아픈 질문이 남아 있다. 기록은 언제 시작되고 언제 끝나는가. 기억의 치유는 종결될 수 있는가. 시작은 명확할 수 있지만 그 끝은 모호한 재난은 피해자뿐만 아니라 기록 활동가들에게 어려운 딜레마

• 강남역 10번 출구에 붙은 수천 장의 포스트잇과 구의역 승강장 9-4 스크린 도어에 붙은 "너의 잘못이 아니야," "비정규직이라 죽었다," "그곳에서는 부디 컵라면 말고 따뜻한 밥 챙겨드세요" 등의 포스트잇은 사건 현장이 새로운 아카이브로 변하는 순간이다.

를 안겨준다.

　어쩌면 아카이브의 정치성은 모든 것을 기록할 수 없는
위험에서 출발한다. 오직 파편적이고 불안정한 자료로 존재
할 수밖에 없는 기억의 잔여들 속에서 아카이브는 모든 것
을 무릅쓰고 상상한다. 재난의 참혹함을 반복하지 않기 위
해 우리는 무엇을 해야 하는가라고.

법을 통한 친일 과거청산, 그 가능성과 한계

이철우

연세대 법학전문대학원

어느 민족이 외국 통치에서 해방되면 많건 적건 외세에 부역한 사람들을 단죄하려고 한다. 청산의 폭과 성격은 기억을 동원하는 양상과 방식에 좌우되는데, 기억의 동원이 마음먹은 대로 되는 것은 아니다. 세계체계에서 그 민족이 차지하는 지위 그리고 외세와 그 민족의 국제정치적 관계 등 거시적 조건이 과거청산을 둘러싼 정치적 여건과 함께 기억의 내용과 강도를 결정하는 데 크게 작용한다. 과거청산에는 민중의 일상적 기억이 중요하지만 정치적 지도세력의 기억, 그에 의해 정치공동체가 공식적으로 취하는 역사에 대한 정의가 결정적이다.

한국은 국제 평화 레짐이 형성되어간 19세기 말 20세기 초에 주권국가로 인정되어 근대 국제법질서에 참여했다. 따라서 항일운동은 주권 회복을 표방했고, 외세에 불법 점탈된 영토를 회복한 주권국가의 부역자 처벌과 유사한 논리로 인적 과거청산을 요구하는 동력을 생산해냈다. '친일'은 의연히 존재하는 국가에 대한 반역이며, 따라서 근대화에 기여했음을 내세워 이 반역을 정당화하기는 어렵다. 그러나 다른 한편에는 35년이라는 짧지 않은 기간 외세의 지배가 계속됐고 상당한 동화가 진행됐으며, 반역을 단죄하려 할 때 근거가 되는 과거의 유효한 법질서가 남아 있지 않았다. 그러한 사정은 반역에 대한 처벌에 저항하는 힘과 논리를 만들어냈다. 한국인의 반제국주의적 정서에 눈감은 또 다른 외세의 개입, 분단, 공산 체제와의 전쟁이라는 상황 속에 인적 청산은 흐지부지되고 말았다.

프랑스처럼 부역자를 숙청하는 법과 재판소를 만들어 운영한 나라의 엄정한 기강을 칭찬하곤 한다. 국가에 의한 숙청은 민간에서 벌어지는 초법적 징벌을 종식하는 의미를 가지며, 제도화된 숙청은 제도화되지 않은 폭력에 의해 재촉되는 한편 그것을 다스리기 위해 등장한다. 그러나 한국에서는 미군정의 철저한 폭력 관리로 인해 초법적 징벌이 어려웠기 때문에, 반민족행위자에 대한 법적 처벌을 재촉하는 동력이 제한되었다. 1947년 조선과도입법의원의 '부일협력자-민족반역자-전범·간상배에 대한 특별법률조례'가 좌초되고 1949년 제헌의회가 제정한 '반민족행위처벌법'이 무력화된 것은 반공을 구실로 한 조직적 방해를 넘어설 만큼 민간의 보복 동력이 크지 않았기 때문이다. 잘못하면 일제의 폭력 기구에 종사하면서 탄압의 기법을 체득한 공안 세력에 의해 공산 폭도로 몰리기 십상인 상황에서 불만을 행동으로 표출하기는 쉽지 않았다. 응보를 위한 민간의 열기의 뒷받침 없이 단 한 명도 단죄하지 못하고 종료된 반민특위의 경험은 대한민국을 만성적인 정당성 결핍에 빠지게 했다. 반공과 경제성장의 이데올로기가 그 결핍을 메우기 위해 동원되었지만, 경제성장이 민주화를 가져오고 그에 따라 북한과의 체제 경쟁에서 확실한 우위를 점하게 되자 오히려 과거청산의 요구가 더욱 강렬히 분출되었다.

역사기억은 구조적 동력에 의해 자동적으로 활성화되는 것이 아니라 '기억 활동가'들의 실천을 통해 동원된다. 권위주의 시대 재야에서 널리 읽힌 『친일문학론』의 저자 임종국의 유지를 이어 1991년 반민족문제연구소가 설립되었고 1995년 민족문제연구소로 개칭하면서, '친일 과거청산'은 시민운동으로 발전했다. 기억을 동원하는 행위는 계보를 달리하는 사건들에 매개되고, 동시에 그것들을 씨줄과 날줄처럼 엮어간다. 그 과정에서 역설적 상황도 발생한다. 지방자치의 발전은 친일 행위자를 기념하는 행사들도 활성화했는데, 그것이 오히려 친일 과거를 공론화했고, 기념 대상자의 행적 조사가 민족문제연구소의 기능을 강화했다.

민족문제연구소는 축적한 데이터를 바탕으로 2003년 『친일인명사전』을 편찬하고자 했는데, 한나라당이 예산 지원을 거부하자 대중의 비난이 일었다. 이것이 이미 발의된 '일제강점하 친일반민족행위진상규명에 관한 특별법'에 연료

『친일인명사전』발간 국민보고대회. ⓒ 경향신문 강윤중 기자.

를 제공했다. 이 법안을 발의한 154인의 국회의원 중 49인이 한나라당 소속이었음에서 보듯이, 친일 과거를 청산한다는 명분은 거역할 수 없었다. 이 법안은 2004년 3월 '일제강점하 반민족행위진상규명에 관한 특별법'이라는 이름으로 국회를 통과했다.

반민족행위규명법은 18개의 "친일반민족행위" 유형을 열거하고 위원회를 설치해 대상자를 선정해 조사한 후 그 결과를 공표하도록 했다. 2004년 말 법률이 개정되어 행위 유형이 20개로 늘어났으나, 일본 귀족원 또는 중의원 의원 및 조선총독부 중추원 부의장, 고문, 참의 외에는 직책을 중심으로 행위를 규정하지 않았으며 "탄압에 앞장선," "집행을 주도한"과 같은 용어로 행위 요건을 강화했다. 반민족행위진상규명위원회는 2005년 5월부터 4년 반 동안 가동하여 1006명에 대해 반민족행위 결정을 내렸다.

반민족행위규명법과 자매 관계에 있는 법률이 2005년 12월 제정된 '친일반민족행위자 재산의 국가귀속에 관한 특별법'이다. 사실 친일재산귀속법은 다른 배경에서 더 일찍 논의되었다. 1980년대 후반부터 시작된 '친일파'의 땅 찾기가 발단이었다. 법원은 원래 조선토지조사사업에 따라 사정査定을 받은 토지는 그 사실을 입증하면 등기명의와 무관하게 소유권을 인정했는데, 1986년 대법원은 토지조사부에 등재되었다면 사정이 추정된다고 판결했다. 이에 따라 '친일파'의 후손이 등기명의자인 국가를 물리치고 토지를 찾는 일이 빈번히 일어났다. 1995년부터는 지적 전산화에 힘입어 행정자치부와 지자체가 '조상 땅 찾기' 서비스를 제공하면서 그런 일이 더욱 쉬워졌다. '반민족행위자 재산 환수'를 부르짖는 목소리가 1990년대 전반기에 대두한 것에는 이러한 배경이 있다. 그렇기 때문에 친일재산귀속법은 친일파의 공격적 땅 찾기에 대항하는 방어적 성격을 갖는다는 평가도 있다.

이 법률은 반민족행위규명법이 열거하는 행위 가운데 정도가 중한 것을 추출해 그것을 범한 자를 "친일반민족행위자"로 정의하고, 친일반민족행위자가 "러일전쟁 개전 시부터 1945년 8월 15일까지 일본제국주의에 협력한 대가로 취득하거나 이를 상속받은 재산 또는 친일재산임을 알면서 유증·증여를 받은 재산"을 취득의 원인행위 때로 소급하여 국가에 귀속하도록 했다. 이 기간에 취득한 재산을 "친일행위의 대가로 취득한 재산으로 추정"했기에 귀속 결정은 비교적 용이했다. 친일반민족행위자재산조사위원회는 4년간 활동해 168명이 남긴 2359필지(1113만 9645제곱미터, 시가 2107억 원 상당)의 국가 귀속을 결정했다.

반민족행위 결정과 친일재산의 국가 귀속은 많은 쟁송을 야기했다. 결정을 취소하라는 행정소송과 국가 귀속에 대항해 소유권이전등기말소소송이 제기되었고, 반대로 친일재산에 대한 소유권이전등기 또는 제3자에게 매각한 경우 매매대금의 부당이득 반환을 청구하는 국가의 소송도 있었다. 반민족행위규명법은 "한일합병의 공으로" 작위를 받은 행위를 재산의 국가 귀속의 사유인 친일행위의 하나로 규정했다. 그런데 "한일합병의 공으로" 수작受爵하지 않았음을 주장하면서 처분의 취소를 구하는 소송이 성공을 거두자, 2011년 국회가 반민족행위규명법을 개정해 "한일병합의 공으로" 수작했는지의 여부와 무관하게 작위를 받은 것 자체를 반민족행위로 규정했고, 친일재산귀속법도 개정해 단순 수작자의 재산을 국가에 귀속할 수 있도록 했다. 다만 이미 확정판결이 있는 경우 새 기준을 적용하지 않는다는 단서를 부칙에 두어, "한일합병의 공"으로 수작한 것이 아니라는 판결을 받은 사람의 재산은 국가 귀속을 면할 수 있게 했다. 수작한 사람의 자손을 상대로 국가가 제기한 소유권이전등기 청구소송에서 법원이 "한일합병의 공"으로 수작한 것이 아님을 인정한 이전 판결을 이유로 청구를 기각하자, 그 사건 항소심에 광복회가 보조참가를 신청하여 세간의 주목을 받기도 했다. 항소심 재판부는 광복회의 보조참가를 불허했고 일부를 제외하고는 국가의 청구를 기각했다. 이 사건은 2년이 다 되어가는 2022년 2월 현재 여전히 대법원에 계속되어 있다.

이처럼 일부를 제외한 사건에서 사법부는 반민족행위 결정 및 재산 귀속을 옹호했다. 헌법재판소도 법 개정 전과 후 몇 개 사건에서 두 법률의 합헌성을 확인했다. 헌재는 사자死者와 유족의 인격권 침해가 과잉금지라 하기 어렵고, 소급 입법에 의한 재산 환수도 헌법이 표현하는 역사적 정신에 비추어 볼 때 예상할 수 있었으며 달성되는 공익이 중대하다고 보았다. 한 헌법재판관은 친일반민족행위의 가벌성을 대한제국기의 『형법대전刑法大全』이 처벌한 반역죄로 거슬러 올라가 찾았고, 반역의 대가로 취득한 재산을 환수하는 것의 정당성을 그로부터 도출하기도 했다. 물론 두 법률에 대해 소급입법에 의한 처벌과 재산권 박탈을 이유로 위헌이라 본 반대의견이 있다. 아울러 일제에 의해 토지·임야사정부가 작성되기 이전에는 토지소유권에 대한 대세적 공시 방법이 마련되어 있지 않았고 달리 증명할 방법이 없음에도 불구하고, 토지조사사업에 의한 사정을 친일행위에 대한 대가로 취득한 것으로 추정되는 재산에 포함시키는 것은 위헌이라는 한정위헌 의견도 있다. 특히 토지조사사업에 의한 사정을 "취득"이라 할 수 있는지의 여부는 사정의 법적 성격에 대한 논의와 더불어 한말·일제하 토지 소유에 대한 역사 연구에 비추어 검토되어야 할 주제다.

　일제하 토지조사령은 사정에 의해 소유자의 권리가 "확정"된다고 규정했고 일제 당국은 이전의 "모든 사유는 사정에 의해 일체 단절"되는 것으로 취급했기 때문에, 대한민국 법원은 사정의 성격을 "원시적·창설적 취득"으로 취급해왔다. 그런데 이러한 해석은 사정을 통해 대규모 소유권 변동이 일어났다는 수탈론, 그리고 다른 한편으로는 토지조사사업 이전에는 토지 사유가 확립되지 않았다는 식민사관과 연결될 수 있다. 이 점을 비판하면서 사정의 성격을 "확인"으로 보아 "취득" 사유가 아니라는 민법학자의 견해가 있다. 근래의 역사 연구에 더 부합하는 그러한 견해가 사정 받은 토지를 친일재산으로부터 배제하는 결과를 가져오게 된다는 점에서, 역사 연구와 기억의 법제화 사이의 괴리를 볼 수 있다. 해방 후 60년 넘게 지나 법을 통해 과거를 청산하려는 시도는 이처럼 친일에 대한 역사적 기억과 일제 지배의 결과를 수용해야 하는 현실 및 그에 터 잡아 쌓인 법원의 기관기억institutional memory 사이의 모순을 노출한다.

식민주의의 전승과 소리의 기억

배묘정
서강대 트랜스내셔널인문학연구소

    긴 겨울을 뚫고 만물이 생동하는 3월이다. 매년 이맘때면 계절의 변화와 함께 새롭게 기지개를 켜는 곳이 있다. '학교'가 바로 그곳이다. 코로나19라는 예상치 못한 사태로 인해 일선 학교에서는 학사 일정의 혼선이 빚어진 상황이지만, 신입생들을 맞을 채비로 학교는 그 어느 곳보다 분주하다.

  신입생의 신분으로 맞이하는 3월은 낯선 환경에 적응하는 시기면서도, 무엇보다 새로운 학교의 역사와 학풍을 익히는 시기다. 학교의 전통을 상징하는 '교가校歌'를 처음 접하게 되는 것도 바로 이때다. 그런데 이 영구불변의 상징물인 교가를 둘러싸고 기억전쟁이 시작되고 있다면 어떻겠는가?

  '교가'는 입학식이나 졸업식 등 각종 행사를 비롯해 매주 조회 시간에 제창 형식으로 부르는 교육용 노래다. 학창 시절의 일과와 그 시절에 대한 추억의 한구석을 차지하는 교가는 그만큼 우리의 일상 속에 알게 모르게 들어와 있다.

그러나 일상의 불가피한 속성인 '하찮음'은 교가가 담고 있는 한국 근현대사의 문제적인 지점들을 간단히 덮어버린다. 그 별것 아닌 노래 속에 제국주의와 개발독재라는 질곡의 시대가 자리 잡고 있다는 사실이 생소하다면, 그 이유는 여기에 있을 것이다.

근대적인 의미의 교가가 본격적으로 만들어지게 된 것은 일본의 식민 지배 이후다. 메이지 정부의 국시였던 근대화 또는 국민화 작업은 공교육 기관을 중요한 거점으로 하여 전개되었다. 국가 정책에 따라 기획된 교과목을 통해 어린 학생들은 황국신민으로 길러졌다. 여기에서 제국 일본과 그 식민지 간의 차이는 없었으며, 당시 조선 반도에서도 이른 바 '황국신민화'라는 교육목표는 동일했다.

이러한 황국신민화 교육에서 음악이 차지하는 위상은 매우 독특한데, 이는 음악이 지니는 정서적인 힘과 무관하지 않다. 음악이 인간의 심성을 결정한다는 에토스론적인 사상에 따라, 당시의 음악교과서에 해당하는 여러 창가집에는 '용장 활발하고 쾌활한 정'이 넘쳐흘렀다. 우울과 비탄에 젖은 감정은 퇴폐로 낙인찍혔다. 이 대목에서 '우울한 정서를 권하는 정권이 과연 있었던가'라는 의문을 잠시 던져본다.

다시 교가로 돌아가보자. 수차례 개정을 거듭한 대한민국의 음악교과서에서 일제강점기의 흔적을 찾아보기란 쉽지 않다. 그러나 각급 학교에서 여전히 불리는 교가에는 당시 제국이 요구했던 규범화된 인간상이 그대로 전승되고 있다. 대부분의 교가는 학생들에게 '조국'과 '민족'을 위해 '충성' 하고 '헌신'하는, '겨레'의 '일꾼'이자 '등불'이 될 것을 요구한다. 여학교 교가의 경우 진선미나 현모양처의 규범은 일종의 클리셰로 등장하며, 남학교의 경우 극단적으로는 '나라의 전사가 되어'라거나 '이 몸을 깎아 기둥을 삼고' 식의 선동적이고 호전적인 문구들이 심심치 않게 발견된다. 이러한 유형의 가사들은 일제강점기에 유입된 군국주의 사상의 영향으로 볼 수 있으며, 또한 그것을 유산으로 물려받은 군사정권의 개발독재 시대를 거치며 한층 심화된 것으로 추측할 수 있다.

문제는 100여 년 된 유서 깊은 학교의 교가든, 새로 개교한 학교의 교가든 크게 다르지 않다는 데 있다. 사실상 판박이라고 해도 과언이 아닐 만큼 교가는 이전 시대의 규범을 단절 없이 계승하고 있다. 대한민국 국민이라면 교가 하나 정도는 외우고 있을 터이니, 그 기억을 떠올려보면 아마도 쉽게 납득할 수 있을 것이다. 교가를 '청각적 기억의 매체'로 볼 수 있는 근거가 여기에 있다. 교가에 기록된 기억의 역사는 생각만큼 가볍지 않다.

그런데 이렇게 요지부동의 교가에 최근 들어 변화의 바람이 일고 있다. 변화의 주체는 주로 진보적 성향의 교사 단체들이다. 교가를 비롯한 교목, 교화, 교표 등 학교의 상징물이 지니는 식민주의적 속성에 문제의식을 느낀 이들 단체가 교가 교체 운동을 적극적으로 추진하기 시작한 것이다. 일상에 침투해 있는 식민주의에 문제를 제기하고 준성역화되어 있는 학교 상징물에 외과적 수술을 시도했다는 점에서 고무적인 움직임이 아닐 수 없다.

그러나 속사정을 살펴보면 고개를 갸웃할 수밖에 없다. 그 내용인즉 교가를 비롯한 학교 상징물들은 친일 혐의가 있는 인사와 관련된 경우가 상당수이며, 이는 식민주의의 잔재이므로 친일과는 무관한 인물에 의해 새로 만들어지기만 한다면 친일 문제는 간단히 청산된다는 논리다. 실제로 2019년 들어 소위 친일파로 분류되는 음악가가 작곡한 교가들은 상당수 교체된 바 있다.

교육계의 움직임을 추동한 현실 정치의 맥락도 간과할 수 없는 지점이다. 대법원의 강제징용 배상 판결과 지소미아 종료 문제가 이슈화되면서, 2019년 대한민국은 소위 'NO JAPAN'의 구호로 달아오른 바 있다. 교육계의 친일파 척결 운동이 한·일 관계 악화라는 정치적 맥락과 때를 같이한다는 사실은 교가가 무엇을 계승하고 무엇을 소거하는지 그 실제를 비판적으로 바라볼 필연성을 드러낸다.

물론 교가 교체 작업은 아직 시작 단계에 불과하므로 섣부른 판단은 경계해야 한다. 그러나 현재 분명한 것은 친일파 청산이 곧바로 식민주의 청산으로 치환될 수는 없다는 점이다. 판에 박힌 가사, 그리고 그 안에 내포된 식민주의적인 규범은 그대로 둔 채 곡조만 바꾸면 식민주의의 기억은 소거될 수 있는가. 가사와 곡조 모두 교체된다 한들 '전달하는 메시지'에 대한 섬세한 고려가 없다면 무의미한 일이 아니겠는가. 식민 지배 이래 공고히 구축된 규범화된 인간상은 아직까지 수정되지 못한 채 그대로 존속되고 있는 것이 교가 교체의 안타까운 현주소다.

적어도 식민주의의 단절은 획일화된 규범으로부터의 해방에서 시작되는 것이 아닐까 한다. 식민주의를 계승한 국가주의 사상이 개인에게 요구하는 규범은 자칫하면 개인의 희생을 정당화하는 논리로 빠질 수 있는 위험성을 내포한다.

도쿄대학 다카하시 데쓰야高橋哲哉 교수의 비판이 말해주듯이, 전사자들의 죽음을 '숭고한 희생'으로 기리는 국가의 추모 의례는 전쟁의 실체를 가리는 은폐 행위이며, 이는 학교 교육을 통해 전승되는 규범화의 사슬로부터 결코 멀리 있지 않다.

교가는 기억을 작동시키는 청각적인 매체로서, 기억전쟁이 펼쳐지고 있는 장소다. 특별히 기억할 일이 없지만 정작 잊으려고 하면 쉽사리 잊히지 않는 것이 바로 교가다. 파편적으로 존재하던 온갖 기억들이 경합과 투쟁을 벌이고 있다. 소리의 기억을 둘러싸고 소리 없이 벌어지고 있는 전쟁에 함께 귀 기울여볼 때가 아닌가 한다.

역사부정죄
법은 역사부정에 맞서는 무기인가

이소영

제주대 사회교육과

몇 해 전 현직 국회의원 3인의 '5·18 망언'이 사회적 공분을 크게 산 바 있다. 이들은 5·18에 북한군이 개입했다는 허위 주장을 펼치고 '유공자라는 괴물 집단이 세금을 축낸다'는 희생자·유가족 비하 발언을 공공연하게 했다. 역사 왜곡 발언으로 파장이 인 것은 이 일만이 아니었으며, 몇몇 종편 채널에서 북한군 광주 침투설을 내보내거나 일간베스트저장소(일베)로 대표되는 극우 성향 사이트에서 5·18 유공자의 관을 택배 상자에 빗대어 조롱한 사건 등이 문제가 되었다. 식민지 근대화론과 강제동원 부정론을 펼친 책『반일 종족주의』가 논란이 되기도 했다.

이렇듯 주로 극우 정치 세력에 의해 발화되고 인터넷 커뮤니티나 유튜브를 통해 유포되는 역사 왜곡에 맞서 '표현하지 말아달라고 할 권리,' 더 나아가 '역사적 상흔에 관해 (비)웃지 못하게 할 권리'가 지속적으로 제기되어왔다. 2005

년 발의된 '일제강점하 민족차별옹호행위자 처벌법안'을 기점으로 식민기억 왜곡, 반인륜 범죄 및 민주화운동 부정 등을 처벌 대상으로 한 법안이 그간 10여 건 입안되었다. 그러다 2020년 말 '5·18민주화운동 등에 관한 특별법'이 개정되면서 5·18민주화운동에 대한 허위 사실 유포 처벌 조항이 신설되었다.

역사 왜곡에 대한 법적 처벌의 주요 논거 가운데 하나는 그것이 소수자 차별과 연관되어 있다는 것이다. 네오나치의 예에서 보듯, 이는 피해 생존자가 속한 집단에 대한 혐오를 공고화하여 안위를 위협하는 데까지 이어지며, 그런 점에서 혐오 표현으로 간주되어야 한다는 논지다. 주류 집단의 특정 발언이 소수자의 자유와 안위에 대한 공포일 수 있음은 분명히 맞다. 몇 해 전 프랑스의 샤를리 에브도 사건이나 덴마크의 이슬람 풍자만화 사건에서 보았듯, 서구 사회에서 교회의 권위에 대한 조롱은 풍자의 대상일 수 있을지라도, 이슬람에 대한 조롱은 일상적 적대와 인종주의로 상처 입은 무슬림에게 실존적 위협으로 다가올 가능성이 높다. 나는 소수자 혐오와 차별은 규제되어야 한다고 생각하며, 차별금지법의 제정을 지지한다. 하지만 역사부정죄 입법은 효용보다 부작용이 클 것이라 우려하는데, 현재 한국 사회에서 식민 지배와 민주화운동 왜곡 발언은 혐오 표현의 경우와 성격이 다르다고 보기 때문이다.

오늘날 역사부정자는 과거 독재 정권에서 폭력적으로 진

실을 은폐했던 정치 세력의 경우와 달리 조작된 공식기억이 주변화된 대항기억들을 억압하는 구도를 만들어내지 않는다. 아니, 그럴 역량이 없다고 보인다. 그보다는 특이하고 기형적인 기억 주장이 공식기억의 역사 재현을 훼방 놓는 구도에 더 가깝다. 5·18민주화운동의 경우 광주청문회(1988), 5·18특별법(1995), 5·18국가기념일 제정(1997), 과거사진상규명위원회 진상규명(2007), 5·18민주화운동 기록물의 유네스코 등재(2011) 등 일련의 과정을 통해 시민항쟁으로 자리매김했으며, 대법원 판결을 통해 '민주화 요구에 대한 쿠데타 세력의 탄압'을 법의 언어로도 명시했다. 적어도 90년대 중반 이후 이는 국내외에서 공식 역사로 자리 잡았다. 식민 시기 역사는 더욱 그러하다. 시민교육에서나 대중문화에서나 식민 지배의 폭압을 부정, 찬동, 또는 사소화하는 언행은 일반적으로 용인되지 않는다.

그러니 역사 왜곡 처벌법이 신설되어 형사법적 규제가 가해진다면, 역사부정자들이 자신의 목소리가 공식기억에 의해 억압되고 재갈이 물려졌다고 항변하며 도리어 소수자를 자임할 가능성을 배제하기 어렵다. 더 나아가 이들이 '우리의 (왜곡된) 기억도 법으로 보호해달라'고 요청하는 역설적 상황이 발생할 수 있다. '2005년법la loi n°2005-158'이라 불리는 프랑스 식민 통치 관련 역사기억법이 그 예다. 이는 홀로코스트 부정을 처벌하는 가소법(1990)과 제국주의 시절의 반인도적 행위 부인을 처벌하는 토비라법(2001)의 제정 이

5·18 망언규탄 광주시민궐기대회. ⓒ 오마이뉴스.

후, 구 프랑스령 알제리의 식민 통치 관련자들이 자신의 '다른' 기억도 법으로 인정해달라고 요청한 사안이다.

법 제정을 주도한 한 축은 식민 통치 시절 알제리에 정착해 살던 프랑스인들의 후손인 피에 누아르pied-noir였고, 다른 축은 알제리민족해방전쟁 당시 프랑스 군대에 복무했던 알제리인들인 하르키harki였다. 피에 누아르는 식민지에서 자신들이 전형적인 잔악한 제국주의자와 달랐음을 주장하며, 이에 대한 왜곡을 법으로써 규제해달라고 요구했다. 한편 알제리민족해방전쟁 당시 프랑스 편에서 싸웠으나 알제리 독립 이후 프랑스 정부로부터 외면당하고 고초를 겪은 하르키 집단은 공식 역사 안에 순국선열로 자리하길 원했고, 공동체가 그렇게 기억할 의무를 법에 명시하길 바랐다. 알제리 식민 역사에서 이들은 부역자이자 배반자였지만, 프랑스 역사기억법에서는 희생자 카테고리에 안착하고자 한 것이다.

이렇듯 저마다 법적 규제를 무기로 사용하는 기억전쟁에서, 가령 우파가 북한남침설 부정을 법으로 금지하자고 주장하거나 민족 영웅에 대한 다른 해석을 집단기억 훼손이라는 반민족행위로 처벌하자고 강변할 수도 있다. 몇 해 전 폴란드에서 논란이 된 이른바 '홀로코스트법'은 이것이 단지 가설만은 아님을 시사했다. 유대인 학살에 폴란드인이 협력했거나 관여했다고 발언함으로써 나치 독일의 희생국으로서의 폴란드 위상을 부정하는 언행을 규제하고자 했던 이 법안은, 트라우마적인 역사에서 각자 자신이 피해자 위치를 점하기 위해 법을 끌어오는 문제적 상황을 야기한다.

'피해자 되기'를 통한 역사부정자들의 반격은 발의된 법안이 통과되어 법정 다툼이 발생할 때 배가될 것이다. 법학자 홍성수도 지적했듯, 소송은 태생적으로 사회의 다양한 논점을 합법 대 불법, 승자 대 패자라는 이항 대립으로 몰아간다. 어떤 역사 왜곡 표현이 무죄를 언도받았다고 하여 그것이 곧 해당 표현의 옳음을 입증하지는 않는다. 다만 현행법 규정에 의거할 때 불법은 아님을 의미할 뿐이다. 그럼에도 무죄가 언도되면 사회는 마치 해당 표현의 정당성 내지무해성이 공식적으로 입증된 양 인식할 수 있다. 한편 유죄를 언도받는다 하더라도, 피규제자는 이로써 표현의 자유를 빼앗긴 피해자로 스스로를 위치할 논거를 하나 더 갖게 된다. 홀로코스트 부정 혐의로 오스트리아 재판정에서 실형을 언도받는 일련의 과정에서, 역사가로서의 능력에 비해 과도한 주목을 받으며 세계 각국 부정론자와 음모론자의 영웅으로 부상한 영국의 역사 작가 데이비드 어빙의 경우가 그러하다. 만일 그가 원했던 것이 언론의 관심과 허명이었다면, 그는 기소됨으로써 원하는 바를 이룬 셈이다. 이 구도에서 재판은 역사부정자에게 '이겨도 이기고 져도 이기는' 싸움일지 모른다.

역사 왜곡 세력의 악의는 결코 사소하지 않다. 이들의 관심은 많은 경우 객관적 진실 자체에 있지 않으며, 적대적인 정체성을 부여할 집단을 구성하여 거기에 지역주의를 덧씌우고 반공주의를 잠입시키려는 정치적 선동과 편 가르기에 있다. 바로 그렇기에 나는 그 악의에 대항하는 무기로서 처벌'법'은 효과적이지 못하다고 본다. 이는 역사부정자로 하여금 희생자 코스프레를 하게 만들고, 집단기억과 배치되는 본인의 기억도 법으로 보호받아야 할 소수기억이라 항변할 여지를 주며, 법정 다툼의 속성을 역이용하게 해주기 때문이다. 반인도적 범죄의 부정·왜곡·사소화를 이미 처벌하는 다수의 유럽 국가들 역시 근래 희생자의 위계화나 피해 집단 간 기억의 각축 등 다양한 문제에 직면해 있다. 구 소비에트 국가폭력 및 아르메니아 학살 피해자 측과 '홀로코스트 유일성'을 강변하는 측이 유럽인권재판소에서 '우리 상처도 너희만큼 크고 아파'와 '너희 상처는 우리의 그것과 비할 수 없어'의 대립각을 세우는 사안들이 그 예다. 이에 역사학자 피에르 노라Pierre Nora는 역사왜곡처벌법이 '역사적 진실을 형사처벌의 위협으로 강요'하는 것이라고 강도 높게 비판한 바 있다.

역사부정죄에 대한 사법적 처벌이 이렇듯 강점보다 부작용이 많은 무기라면, '어떻게 해야 하는가'라는 질문이 여전히 남아 있다. 피해자가 특정된 경우 현행 형법상의 명예훼손죄나 모욕죄 적용이 가능하며, 특히 유가족이 생존한 사안에서는 집단표시에 의한 명예훼손을 가능한 한 넓게 인정하여 처벌할 수 있을 것이다. 한편 역사부정자가 기억공동체에 입힌 내상의 경우 공론장의 지속적이고 생산적인 반론 제기와 문화적 제재로 맞서야 한다. 무엇보다 역사적 상흔을 직접 경험하지 못한 후속 세대가 어떻게 건강한 사회적 기억을 만들어 갖게 할 것인지가 중요한 화두다.

'6·25전쟁' 또는 '한국전쟁'을 둘러싼 역사 교육 논쟁

김상훈
숭문고

　　전쟁에 어떤 이름을 붙일까 하는 것은 전쟁을 어떻게 기억할 것인가라는 '기억전쟁'이기도 하다. 1950년(혹은 1945년이나 1948년)부터 1953년(혹은 현재)까지 한반도에서 벌어진 집단적 무력 분쟁에 대해 한국에서는 '6·25사변,' '6·25동란,' '한국동란,' '6·25전쟁,' '한국전쟁'으로, 북한에서는 '조국해방전쟁,' 일본에서는 '조선전쟁,' 중국에서는 '항미원조抗美援朝전쟁,' 영미권에서는 'Korean War,' 'Korean Conflict,' 'Korean Civil War' 등으로 이름 붙였다. 초·중등학교 역사교과서에서는 '6·25사변,' '6·25동란,' '6·25전란,' '6·25,' '6·25남침' 등이 쓰이다가 1994년에 '6·25전쟁'으로 교과서 편수 용어가 정리되었다. 따라서 1994년 이후 발행된 국정·검정 교과서 모두 '6·25전쟁'으로 서술되었다.

　　하지만 '6·25전쟁'이라는 용어에 반대하는 측에서는,

'6·25'라는 개념 규정에는 6월 25일 북한의 남침이 이 전쟁의 본질임을 내재하고 있다고 지적한다. 즉 '6·25전쟁'에는 "상기하자 6·25, 무찌르자 공산당"의 구호에 집약된 것처럼 전쟁 발발의 책임이 누구에게 있는지, 누구 때문에 우리가 엄청난 비극을 겪었는지를 되새기며 후대의 교훈으로 삼자는 문제의식이 강하게 깔려 있다는 것이다. 그래서 '6·25전쟁'은 해방 이후 국가 수립 과정에서 벌어졌던 좌우 대립과 미소 간의 냉전 속에서 발생한 전쟁을 보다 넓은 범주에서 바라볼 수 없게 하고, 이 때문에 '한국전쟁'이라는 용어를 사용하자고 말한다. 반면 'the Korean War'를 직역한 '한국전쟁'이라는 용어를 반대하는 측은 'Korea'가 남북 모두를 포괄하는 개념을 내포하지만, '한국'은 대부분 남한만을 지칭하고, 이는 한국이 일으킨 전쟁으로 전쟁 주체가 모호해지거나 전쟁 책임이 전도되어 이해될 수 있음을 지적한다. 또한 '일본전쟁,' '중국전쟁,' '미국전쟁' 등의 호칭이 성립할 수 없는 것처럼 '한국전쟁'도 사용할 수 없으며, 분단 상황의 해소와 같은 결정적인 사건이나 학계의 논의와 합의에 따라 적당한 용어로 대체되기 전까지는 잠정적으로 '6·25전쟁'이란 용어를 쓸 수밖에 없다고도 한다. 이처럼 전쟁의 명칭에 관한 학자들의 의견이 분분한 것은 이 전쟁이 가지고 있는 다원적 성격을 보여준다. 이 전쟁을 어떤 이름으로 기억하느냐는 현재의 대북 인식, 정책, 나아가 미래의 한국 사회 전망과도 직결된다. 이 명칭에 관한 논의는 다양한 차원에서 지속될 것이고, 논의가 이루어지는 과정은 그 자체로 전쟁이 야기한 한국 사회의 갈등을 극복하고 화해와 평화의 미래를 만드는 데 기여할수 있어야 한다.

여기서 박근혜 정부 때 추진된 국정 교과서 사태를 상기하며 이야기를 이어가고자 한다. 2013년 6월 전국의 고등학생 69퍼센트가 '6·25전쟁'을 북침이라고 답했다는 조사 결과가 『서울신문』에 보도되었다. 이에 대해 '충격적인 결과'가 나왔다며 "학생들에게 올바른 역사 교육이 이뤄질 수 있도록 신중하게 대책을 마련하라"는 박근혜 대통령의 지시가 있었다. 얼마 후 안전행정부는 '6·25전쟁'이 몇 년도에 일어났는지 모르는 청소년의 비율이 42.4퍼센트(2011, 2012년)에서 47.3퍼센트(2013년)로 증가했다는 조사 결과를 발표했다. 그리고 2015년 11월 3일 교육부는 중학교 역사교과서와 고등학교 한국사교과서를 국정 도서로 지정한다고 고시했다. 역사교과서 국정화 추진은 한국 사회의 내부 분열과 대립을 다시 한 번 촉발해서 많은 논란이 있었다. 하지만 2017년 5월에 출범한 문재인 정부는 곧바로 중·고등학교 교과용 도서 구분 재수정을 고시하고 역사교과서를 검정 도서로 지정했다.

역사교과서 국정화 추진 이전에 검정을 받은 한국사교과서는 8종(이하 『2009 한국사』)이었고, 문재인 정부 출범 이후 검정을 받은 한국사교과서도 8종(이하 『2015 한국사』)•이었

• 리베르스쿨의 『2015 한국사』가 재검정을 통과하여 총 9종이지만 여기서는 8

2015년 한국사교과서 8종. ⓒ 김상훈.

다. 이들 한국사교과서가 '6·25전쟁'을 어떻게 서술했는지
살펴볼 필요가 있다. 대부분의 대한민국 학생들은 한국사교
과서에 서술된 '6·25전쟁'을 기억하게 될 것이기 때문이다.
『2009 한국사』 교육과정에서는 "6·25전쟁의 원인과 전개
과정 및 참상과 영향"을, 『2015 한국사』 교육과정은 "6·25
전쟁과 남북 분단의 고착화"를 학습 주제로 제시했다. 그리
고 『2009 한국사』는 집필 기준에서 "6·25전쟁의 개전에 있
어서 북한의 불법 남침을 명확히 밝힐 것"을 명시한 반면,
『2015 한국사』의 집필 기준에는 '6·25전쟁'과 관련된 지침
을 제시하지 않았다. 그럼에도 『2015 한국사』는 8종 모두에

종만 검토 대상으로 삼았다.

1950년 7월 공주형무소 재소자와 그곳에 수감되어 있던 국민보도연맹원들이
이송되는 사진. 미래엔, 지학사 『2015 한국사』에 실려 있다.
ⓒ 진실·화해를위한과거사정리위원회, 『2010년 상반기 조사보고서』 05, 247쪽.

서 '1950년 6월 25일'과 '남침'이라는 용어를 사용해서 전쟁
이 시작되었음을 서술했다. 이는 교육과정을 개발하고 교과
서를 집필하는 과정에서 사회적 논란에 노출되기 싫어하는
이른바 '자기 검열'의 기제가 작용했기 때문일 것이다.

　『2009 한국사』를 통해 학생들은 '6·25전쟁'이 언제 누구
에 의해서 시작되어 전개되었고, 그로 인해 어떤 참상을 겪
었는지를 학습하고 기억해야 했다. 그래서 한반도 지도에
화살표와 함께 표시된 주요 사건을 날짜별로 외워야 했다.
『2015 한국사』도 북한의 남침으로 시작된 '6·25전쟁'의 전

개 과정과 그 피해 상황에 대해 자세하게 서술하고 있다. 하지만 전쟁 중 발생했던 민간인 학살에 대한 서술이『2009 한국사』에서는 4종에서 짧게 언급된 것에 비해,『2015 한국사』에서는 8종 모두에서 관련 내용이 늘어났다. 그중 6종의『2015 한국사』에서 국민보도연맹을 다루었고, 그 외에도 거창 사건·노근리 사건·국민방위군 사건·서울대부속병원 사건·대전형무소 사건 등이 언급되었다. 이는 전쟁 중 자행된 민간인 학살에 대한 교육이 필요하다는 공감대가 형성되었기 때문일 것이다. 그런데 '제주(도)4·3 사건', '여수·순천10·19 사건'이 교과서 편수 용어로 정해진 반면, 전쟁 중 발생했던 민간인 학살 사건들에 대해서는 아직 편수 용어가 정리되지 않았다. 그래서 교과서마다 민간인 학살 사건에 대한 용어가 다르게 사용되고 있다. 이 사건들을 어떻게 이름 붙이고 기억할 것인가 하는 힘든 과정이 남아 있지만 더 이상 외면해서는 안 될 것이다.

독일에서 역사 교육과 역사교과서로 실천되는 과거사 극복은 매우 모범적인 사례로 알려져 있다. 특히 독일에서 홀로코스트를 역사 교육에서 처리하는 방향을 둘러싸고 전개된 논의와 실천, 그리고 그 가시적인 성과물인 역사교과서는 독일 사회의 집단적 의식을 가늠하는 지표가 된다. 그러나 역사 교육 및 역사교과서로 실천되는 과거 극복이 순조롭게 이루어진 것은 아니다. 사회 기능을 담당하는 주체 세력의 점진적인 교체와 정치·사회적 숙성의 계기에 따라 지속적인 논란도 심화되었다. 한국에서도 과거사 진상 규명을 위한 노력과 이를 역사 교육에 반영하고자 하는 노력은 꾸준히 있었다. 그리고 '진실·화해를위한과거사정리위원회'는 역사의식의 함양을 위한 교육·홍보에 관하여 국가가 해야 할 조치를 다음과 같이 권고했다.

> 국가는 앞으로 민간인 집단 희생 사건이나 중대한 인권침해 사건과 같은 피해자들이 다시는 발생하지 않도록 노력하겠다는 국가적 의지 표명과 인권 중시 풍토의 조성을 위하여, 평화와 인권 보호를 주요 내용으로 하는 교육 자료와 대국민 홍보 자료를 개발하여 적극 활용해야 한다. 이와 함께 전쟁으로 인한 참상을 내용으로 하는 평화 안보 교육 자료 또한 개발하여 전쟁 억지와 국가적 안보 의식의 고취에 적극 활용할 필요도 있다(진실·화해를위한과거사정리위원회, 『진실화해위원회 종합보고서』 I, 225쪽).

이제는 한국 사회도 북한군뿐 아니라 대한민국의 군경과 미군이 자행한 민간인 학살에 대해 다 함께 알아가야 한다. 이는 학생들이 민간인 학살이라는 국가폭력과 피해자들의 상처를 역사적 사실로 인식하고 기억하는 데서 출발한다. 역사교과서를 통해 '6·25전쟁'과 관련된 1차적인 사실을 학습하는 것은 필요하다. 역사 인식이나 역사적 사고는 역사적 사실에 대한 내용 지식을 바탕으로 하기 때문이다. 그런데 '6·25전쟁'에 대한 사회적 논란이 벌어지는 과정에서 학생들의 역사 지식 부재에만 초점이 맞추어져 있었다. 즉 역사교과서가 다루어야 할 '내용'의 문제에만 천착함으로써, 역사 교육 본연의 목적이 사라져버린 것이다. '6·25전쟁'이든 '한국전쟁'이든 역사교과서가 전쟁의 전개 과정과 사실에 대한 지식 전달만을 목적으로 하고 이를 학습 평가의 기준으로 삼는다면, 전쟁에 대한 학생들의 기억은 한국 사회의 발전을 위한 주춧돌이 아니라 걸림돌이 될 것이다.

한국 사회가 민간인 학살이라는 전쟁의 기억을 극복하고 화해와 평화의 미래로 나아가는 길이 순탄치만은 않을 것이다. 그래서 더욱더 미래를 이끌어갈 학생들에 대한 평화와 인권 교육이 중요하다. 한국 사회에 전쟁을 반대하고 평화를 추구하는 역사 인식을 가진 구성원들이 많아지면 평화로 나아가는 길은 좀 더 평탄하고 곧아질 것이다. 역사교과서와 역사 교육이 그 역할을 소홀히 해서는 안 될 것이다.

5부 기억과 흔적

민족의 토포필리아 자본의 토포포비아, 효창공원*

정일영

서강대 사학과

장소에는 기억'들'이 깃든다. 기억들은 퇴적
층처럼 쌓이기도 하고, 같은 장소 속에서 상이한 기억들이
갈등을 거듭하기도 한다. 2019년 '역사문화 특화형' 도시 재
생 지역으로 서울시가 선정한 효창공원 일대도 여러 기억이
다양한 방식으로 공존하는 공간이다. 서울시는 3·1운동 100
주년을 맞아 국가보훈처와 함께 '효창 독립 100년 공원 조성
사업'을 추진 중이며, 5년간 사업비 200억 원을 투입할 예정
이라 한다.

효창공원의 역사는 복잡하기 그지없다. 효창공원은 조선
후기 왕실의 묘지였고, 이름도 공원이 아닌 '효창묘' 혹은

---

* 토포필리아Topophilia는 '장소애愛'로 번역할 수 있는 용어로, 이 푸 투안Yi-fu Tuan이 조합한 개념어다. 토포포비아Topophobia는 그 반대 개념으로, '장소 공포'로 번역할 수 있다.

1959년 국내 최초의 축구 전용 경기장으로 만든 효창운동장 개장식.
ⓒ 서울사진아카이브.

'효창원'이었다. 정조의 후궁 의빈 성 씨와 큰아들 문효세자, 순조의 후궁 숙의 박 씨와 그의 딸 영온옹주의 묘지가 있던 곳이었다. 일제 식민지 시기에 조선총독부는 이곳에 골프장을 만들거나 군사적 목적으로 사용했고, 1940년에 정식 공원으로 지정했다. 해방 후 효창공원의 위상은 극적으로 역전되었다. 일본군 숙영지 철거 후 독립운동가를 기리는 장소로 조성된 것이다. 1946년 윤봉길·이봉창·백정기, 삼의사의 묘가 만들어진 것을 시작으로, 이동녕, 조성환, 차리석 등 독립운동가의 유해가 안장되었다. 그리고 1949년에는 김구의 유해가 안장되었다. 아직 발견하지 못한 안중근의 유해를 모시기 위한 가묘假墓도 설치되었다. 또한 독립운동가들의 묘역 옆에는 백범김구기념관이 자리 잡고 있다.

얼핏 보기에 해방 후 효창공원은 '민족의 터'로 확고하게 자리 잡은 것처럼 보이지만 꼭 그렇지만은 않다. 이곳에는 독립운동가들의 묘소 외에 북한반공투사 위령탑, 원효대사 동상, 고 육영수 여사 경로송덕비, 대한노인회관 등 실로 다양한(?) 기념물과 시설이 공존하고 있다. 그리고 무엇보다 효창운동장을 빼놓을 수 없다. 효창운동장은 건립 당시 많은 논란을 일으킨 바 있다. 1950년대 중반 이승만 정부가 독립운동가 묘역을 이장하고 운동장을 지으려고 하자, 의회와 독립운동가 및 유족회가 거세게 반대했다. 당시 효창공원 선열묘소보존회 회장을 맡았던 심산 김창숙은 「효창공원에 통곡함」이라는 한시를 지어 "독재의 공과 덕이" "일순간에 뒤집힐 것"이라 경고하기도 했다. 결국 묘역을 이장하지 않은 채 운동장을 짓는 것으로 타협 아닌 타협을 했는데, 이는 하나의 장소가 여러 기억들의 '전장'이 될 수 있음을 보여주는 대표적인 예라고 할 수 있다.

'기억전쟁'은 과거와 과거의 전쟁이 아니다. 기억이라는 상징을 앞세운 현실 정치투쟁이라고 해야 할 것이다. 2000년대부터 효창공원을 두고 벌어졌던 논란을 보면, 효창공원의 '기억전쟁'은 현실 정치투쟁임이 더 명확해진다. 같은 장소에서 호명되는 대상은 동일하지만 갈등의 양상이 달라지기 때문이다.

2000년대 들어 국회에서는 효창공원을 국립묘지로 만들기 위한 법안이 수차례 발의되었다. '민족정기'를 강조한 법안을 발의하면 역사관이 올바른 정치인이란 인상을 남길 수 있기 때문인지, 다양한 정당 소속의 의원들이 법안을 발의하거나 지지했다. 하지만 정작 법안은 통과되지 못했다. 2005년 정부도 '효창공원 민족공원화 사업'을 추진했으나 실현되지 못했다. 여야 관계없이 명분이 분명한 것 같은 이 사업이 추진되지 못한 이유는 무엇일까? 무엇보다 지역 주민의 반발이 거셌기 때문이다. 2013년 다시 효창공원 국립묘지화 관련 법안이 발의됐을 때에도, 일부 용산구 구의원들과 주민들이 강하게 반대했다. 용산구청장도 2018년 언론 인터뷰에서 효창공원이 "조국의 독립을 위한 선열들이 계신 곳"이기 때문에 "국립묘지화는 안 된다"는 입장을 표명했다. 국립묘지화에 반대하는 구청장의 입장이 확고한 반면, 그 이유는 참으로 애매하다. 국립묘지가 애초에 국가나 사회를 위해 희생하거나 공헌한 인물들을 매장하는 곳이 아니던가? 효창공원 국립묘지화의 이유가 도리어 반대의 근거가 된 것이다. 혹시 효창공원의 국립묘지화를 반대했던 다른 이유가 있는 것은 아닐까?

다른 이유는 멀리 있지 않다. 결국은 돈의 문제다. 오늘날 한국 사회에서 묘지는 기피 시설 혹은 혐오 시설이고, 아무리 독립운동가의 묘역이라 할지라도 묘지는 묘지일 뿐이다. 효창'공원'이 아니라 국립'묘지'가 들어서면 개발 이슈가 사라져 땅값과 집값은 하락할 것이 뻔했고, 바로 그 이유 때문

1960년 효창공원에서 열린 민주당 민·참의원 후보 합동 강연회. ⓒ 경향신문.

에 주민들이 국립묘지화에 반대했던 것이다. 심지어 온라인 상에서는 차라리 김구 묘역을 옮기라는 주장까지 대두되었다. 독립운동가의 묘역을 성지로 숭배하는 민족주의와 묘지를 감추거나 추방하려는 자본주의의 갈등이 나타난 셈이다.

이 와중에 2019년 4월 10일, 서울시가 2024년까지 '효창 독립 100년 공원'을 조성하겠다는 계획을 발표했다. 효창공원의 '역사성'을 고려하지 않을 수 없는 데다 여러 집단의 이해관계가 상이하고, 국립묘지화에 대한 주민들의 거부감이 심했던 터라 쉽지 않은 계획이었을 것이다. 하지만 현재까지 계획이 진행되는 과정을 보면, 모든 요구 사항을 몰아넣는 것으로 '협의'를 이끌어내려는 행정 편의주의적 기획이라는 기우를 지우기 힘들다. 아직 초기 단계라 할지라도 서울시가 제시한 계획에는 누가, 무엇을, 어떻게 기억할 것인가라는 기억 행위의 기본 문법도 찾아보기 힘들다. 이 거대한 개발주의 앞에서는 민족주의와 자본주의의 갈등조차 무기력하다. 도대체 무엇을 위한 '편의주의'인가? 계획의 의도대로 조용히, 그리고 빠르게 사업이 진행된다면, 개발주의를 '국가'와 '민족' 그리고 '시민'의 이름으로 포장한 '멀티테마파크'가 완성될 것이다.

장소에는 기억이 깃드는 한편 삶의 모습도 반영된다. 복잡다단한 효창공원의 기억과 그것을 둘러싼 논란은 우리 삶의 재현인 셈이다. 모든 요구 사항이 백화점식으로 들어간 효창공원 재조성 계획도 결국 우리네 삶의 반영이자 한국

사회가 가지고 있는 분열적 징후라고 할 수 있다. 하지만 초라한 반영이 아닌, 기억을 바탕으로 미래를 상상하고 기획하는 장소를 마련할 수는 없을까? 우리에게 필요한 것은 현실보다 몇 발짝 앞서 나아가 일상을 환기하는 공간이 아닐까? 효창공원의 새로운 공간은 주민의 삶과 밀접하게 맞닿는 동시에 '미래를 기억하는 장소'여야 한다.

이를 위해선 침묵보다 논쟁이 필요하다. 새로운 100년을 내다보며 기획한다면 개발의 이름으로 모두를 침묵시킬 것이 아니라, 다양한 의견의 충돌을 이끌어낼 필요가 있다. 이해 당사자는 물론이고 각 분야의 전문가와 시민사회가 참여하는 뜨거운 논쟁의 장을 마련해야 한다. 왜 '독립'인지, '100년'인지, '공원'인지, 계획명부터 문제 삼아 이야기해야 한다. 논쟁의 수위가 높아지고 피로가 쌓이더라도, 심지어 그 결과 명확한 답을 찾지 못하더라도 그 과정 자체가 또 다른 자양분이 될 것이다. 부디 효창공원이 수많은 재개발 사례의 하나로 기억되기보다는, 우리가 기억할 미래의 새로운 시작이길 바란다.

이태원×기지촌,
혐오와 망각의 투기촌

김주희
덕성여대 차미리사교양대학

　　이 글은 서울의 대표적 번화가 이태원을 미군 '기지촌'으로 기억하고자 한다. 이는 한국 현대사에서 망각된 기지촌 여성들을 지역의 오랜 거주민으로 기록하려는 시도이기도 하다.

　　이태원과 미군 '기지촌'이라는 키워드의 조합은 누군가에게는 낯설 것이다. 오랜 시간 많은 이들에게 이태원은 가장 손쉽게 '세계 문화'를 소비할 수 있는 공간이었다. 다양한 세계 요리 전문점, 수입 식품 마트, 펍, 클럽, 잡화점과 같은 색다른 감각의 상점 외에도 각국 대사관, 이슬람서울중앙성원, 아프리카 미용실 등을 드나들거나 그곳에 거주하는 다인종 외국인들이 이국적인 이태원의 경관을 만들어냈다. '주인 없는 이국성'이라는 특징이 많은 이들에게 이태원을 경험하고 소비하도록 하는 제일의 동인이었다.

　　하지만 기원적으로 이태원은 점령군 혹은 주둔군의 유흥

지역이라는 역할을 통해 성장할 수 있었다. 현재와 같이 이태원 지역이 번성한 배경에는 인근 용산기지에 외국군이 주둔한 역사가 밀접하게 관련되어 있다. 1908년 일제에 의해 조선이 병참기지화되던 시기에 일본군이 용산기지를 사령부로 사용하면서 군 기지는 현재의 규모와 형태로 자리 잡았다. 그리고 1945년 해방 직후 미군이 일본군의 군사시설을 그대로 인수했다.

특히 1953년 주한미군사령부가 용산기지로 이전하면서 용산에서는 미8군의 역사가, 인근의 이태원에서는 기지촌의 역사가 시작되었다. '창녀들의 언덕hooker hill'이라 불리는 이태원소방서 인근에 소위 '양키 바' 밀집 지역이 생겨나기 시작한 것도 1950년대 후반이었다. 『경향신문』의 1971년 6월 28일자 기사에는 "50년대 중반에는 남영동 일대에 있던 위안부들을 당국이 수도 관문 노상에서 북적대는 것이 미관상 좋지 않다고 이태원 쪽으로 옮겨놓"았다는 기록이 남아 있다.

이처럼 미군 기지촌으로 이태원이 자리 잡게 된 배경에 한국 정부의 적극적 개입이 있었다. 달러 수입 때문이다. 1970년대 초 미8군병원이 용산으로 이전하면서 많은 미군, 미군속이 함께 이주했고, 그 결과 기지촌 이태원은 더욱 활성화되었다. 기지촌 여성 개인이 감당했던 성과 사랑, 때로는 죽음의 가격은 한국에서 무시할 수 없는 규모의 경제를 이루었다. 동시에 여성들은 미군 부대에서 나온 각종 미제 상품을 남대문시장을 통해 한국 사회로 유통한 운반자이기도 했다. '양공주'는 멸시되었지만, "미제는 똥도 좋다"며 중산층 가정에 '미제 상품'이 팔려나갔다. 박정희 정권이 '건전한' 중산층을 육성하고자 한 시기였다.

이태원의 전성기라고 알려진 1988년은 반미 시위가 가장 많이 일어난 해이기도 하다. 민주화 전후 미국에 빼앗긴 것을 되찾으려는 민중의 열망이 들불처럼 일어났는데, 이때 기지촌 여성들이 매개한 '양키'와 '미국적인 것'에 가장 손쉽게 추방 명령이 떨어졌다. 기지촌 여성들은 미군 범죄의 피해자로 드러날 때만 오직 '우리 민족'이 될 수 있었다.

하지만 1980년대는 강남에 룸살롱이 우후죽순 등장하고 대호황을 누린 시기이기도 하다. 이 시기 반미 민족주의의 구호는 이태원에서 소비자가 되길 거부당한 한국 남성들의 식민주의적 콤플렉스가 드러난 것이기도 했다. 미군 남성들의 주둔국 여성에 대한 성차별, 인종차별은 기지촌에서 지속적인 성 구매를 가능하도록 만든 요인이었고, 기지촌 여성들에 대한 한국인의 멸시와 여성혐오는 여성들을 기지촌에 고립시켜 달러 경제를 촉진한 동력이었다.

1990년대 한국 사회 전반이 국제화되면서 이태원의 특수함은 희석되었다. 기지촌 경제에 의존하던 지역 상인들은 불황에 대비한 자구책을 마련해야 했고, '미국적인 것'을 '국제적인 것'으로 빠르게 전환하여 호주머니 사정이 좋아진 내국인 소비자를 유치했다. 1997년 이태원은 서울시에서 최초의 관광특구로 지정되었다. 같은 해 타 지역의 기지촌 역시 관광특구로 지정되었음을 상기할 때, 구시대 식민화되고 여성 착취적 역사의 흔적들은 지자체와 상인들의 노력을 통해 새로운 문화 관광 상품으로 둔갑하고 있었다.

하지만 아직 그곳을 떠나지 못한 여성들은 생존의 어려움을 경험했다. 2001년 9·11 이후 미군 본부는 테러에 대한 대책을 강화했고, 엎친 데 덮친 격으로 이태원 '양키 바'는 감시의 표적이 되었다. 얄궂게도 매년 엄청난 인파가 몰리는 이태원지구촌축제는 그 직후인 2002년부터 시작되었다. 2012년부터 미군 부대가 점진적으로 평택으로 이전하면서 이태원의 기지촌 경제는 저물고, 상품화된 다문화 경제가 부상했다.

오랜 시간 주민이었던 기지촌 여성들은 이태원에 거주하는 것이 어려워졌다. 이태원의 문화, 역사, 장소성, 그곳을 향한 사람들의 발걸음, 흔적, 기억, 심지어 여성에 대한 사회적 멸시까지, 모든 것이 '입지'로 정리되어 상품화되었다. 재개발 사업 시행 인가가 임박했다는 뉴스가 이태원에서 수년째 이어지며 건물주와 투기꾼들의 기대 심리를 부풀리고 있다. 이미 이태원은 2016년, 2017년에 걸쳐 전국에서 땅값이 가장 많이 오른 투자 유망지로 떠오르고 있었다. 금융 전문가들은 이태원을 "돈의 메카"로 부르며 투자 유망 지역으로 꼽았다. '후커힐' 인근에 자리한 이슬람사원도 '입지'로 평가되는 지경이다.

영화 〈이태원〉 포스터. ⓒ 영희야놀자.

임대료 상승으로 인한 이태원 상인들의 비명이 사방에서 들렸지만, 기지촌 여성들은 소리조차 낼 수 없다. 지금 이태원 땅에서 '양키 바' 여성들은 그저 젠트리피케이션이라는 미래의 변화에 대응하지 못해 추방이 예견된 경제적 무능력자일 뿐이다. 강유가람 감독의 다큐멘터리 〈이태원〉에 이러한 현실이 잘 드러난다. 과거 오랜 시간 배척되거나 탈환되어야 했던 '점령지'는 이제 영리한 투자자들의 신대륙이 되었다.

　『청량리—체계적 망각, 기억으로 연결한 역사』라는 책에 청량리 성매매 업소의 포주들이 보상금 액수를 문제 삼으며 '전국철거민연합회'에 가입하고 투쟁에 들어간 황당한 이야기가 등장한다. 업주들은 심지어 "성매매는 불법"이라는 논리로 업소에 남아 일하는 여성들에게 퇴거를 요청하기도 했다. 민간 주도 개발이 추진되는 시대에 성매매 집결지의 '주도적 민간'은 업소 여성들을 통제해온 포주와 깡패일 수밖에 없을 것이다.

　최근 부동산 투자자 커뮤니티에서 "집창촌을 따라가면 부동산이 보인다!"는 말이 인기를 끌고 있다. 이러한 투기적 열망은 늙고 가난한, 떠날 곳 없는 성매매 여성들의 영원한 추방을 염원하는 주문으로 이루어지고 있다. 성매매 집결지의 부동산 소유주, 건달, 포주는 때로 '반反성매매'라는 여성운동의 구호를 탈취하는 일도 서슴지 않는다. 업주와 부동산 업자의 배를 채우고 여성들을 추방하는 전략이 결코 여성운동의 정치와 함께 갈 수는 없을 것이다.

한국 사회는 성과 사랑, 오락, 유흥과 같이 주한미군의 재생산에 필요한 노동과 비용을 기지촌 여성 개인에게 맡겨두었다. 때로 여성들을 "당신들이야말로 외화 버는 애국자"라고 추켜세우기도 하고, 때로 '양공주'라고 손가락질하기도 했다. 이제 민주화된 신개발주의 아래에서도 가난한 여성 개인의 희생과 추방이 요구되고 있다. 미군 주둔이 초래한 문제를 해결하고 여성들과 아이들에 대한 안전을 지켜야 한다는 명분이 '불건전한' 기지촌 여성을 겨냥한다.

기억은 그것을 촉발하는 현재와 미래를 전망하고자 하는 의지와 분리될 수 없으므로 언제나 정치적이다. 그러므로 이태원을 기지촌으로 기억한다는 것은 여성과 이들에 대한 혐오를 동원하며 발전을 거듭한 한국 사회의 역사를 드러내는 의미가 있다. 이를 통해 부동산 개발의 광풍에서 속절없이 밀려나는 여성을 위한 정의의 프레임을 작동시킬 수 있을 것이다.

사북항쟁, '가해자'라는 기억의 굴레

김정한
서강대 트랜스내셔널인문학연구소

역사적 항쟁들을 읽을 때 마주할 수밖에 없는 곤혹스러운 일들이 있다. 항쟁 과정에서 예상치 못한 폭력 행위가 일어나 또 다른 피해자를 만들 때, 저항하는 사람들은 가해자가 되고 그 피해자는 항쟁의 대의를 부정하게 된다. 사북항쟁도 마찬가지다. 40년이나 지났지만, 광부들의 사적 폭력이 만든 가해와 피해의 상처는 난감한 기억으로 남아 있다.

신경이 동원탄좌에 입사한 것은 1969년이다. 고향 경주에서 한학을 배워 잠시 서당 훈장을 했던 그는 종갓집의 7남매 중 맏아들로 가족의 생계를 책임지기 위해 최대 규모의 민영 탄광이 있는 사북에 맨손으로 돈을 벌러 왔다. 탄광의 임금체계는 광부가 한 달 동안 채탄한 양만큼 임금을 주는 도급제였다. 더구나 탄을 캐 오면 진탄을 눈대중으로 계산하는 '작도'라는 검수 과정에서 생산량을 '부비끼'(삭감)당했다. 절반을 까는 일도 흔했다. 많이 캐도, 명목임금이 올라도, 생계비에 못 미쳤다. 노동조합의 대의원이 된 신경은 대표라는 책임감을 갖고 근로기준법을 공부했다. 1972년 봄 고무줄 임금에 항의하는 파업을 한 후 집행유예를 받고 해고됐다. 돈 벌러 왔다가 전과자가 된 것보다 살길이 막막한 게 난처했다. 어떻게든 살아야겠다 싶어 사택을 안 비우고 억지로 버텨서 겨우 어렵게 복직이 됐다.

이원갑은 제대 후 장성광업소에 석공으로 취직해 3대째 광산 생활을 잇다가 1973년에 동원탄좌로 와서 감독(반장)을 했다. 장성에서 퇴직하며 탄광 일을 그만두고 싶었지만 식구가 많았다. '손이 끊어지면 안 된다'는 할머니의 원망으로 딸을 여덟 낳고 아들을 하나 얻었다. '벌이가 괜찮다'는 소문을 듣고 사북에 와서 보니 사택은 '하꼬방'이라 불리는 판잣집이었다. 바람이 많이 불어 얇은 합판 문이 떨어져 나가면 가마니를 걸쳐놨다. 상수도와 하수 시설도 없고 탄을 캐고 나서 씻을 공용 목욕탕도 없었다. 미개인 같은 삶이었다. 광산 재해율은 전 산업에서 가장 높았고 동원탄좌에서도 사고가 빈번했지만 안전시설에 대한 투자는 없었다. 그는 '고쳐야겠다, 도저히 안 되겠다'는 생각에 뒤늦게 노동조합에 발을 디뎠고 한국 노동운동사와 노동법 책들을 봤다. 몇 년 동안 사람들을 모으고 은밀하게 방안을 모의했다. 사측에서는 친·인척들로 '암행 독찰대'를 만들어 광부들의 일

석탄산업전사기념비. ⓒ 김정한.

상을 밤낮으로 사찰했다.

　1979년 4월 이원갑은 노동조합 지부장 선거에 전격 입후
보했고 신경은 그를 지원했다. 대의원 간선제였던 선거는
사측이 사실상 지부장을 지명한다고 할 정도로 부정이 심했
다. 결과는 두 표 차의 낙선이었지만, 다행히 부정선거로 밝
혀져 전국광산노동조합이 재선거를 지시했다. 그러나 1년
이 지나도 사측과 경찰의 방해로 재선거는 없었다.

　박정희가 사망하고 맞은 1980년 4월은 '민주화의 봄'을 기대하던 시국이었다. 12·12쿠데타로 전두환이 수장인 신군부가 권력을 장악했지만 전국적으로 노동쟁의가 활발했다. 지금이 기회라고 여겼다. 4월 16일과 17일 이원갑과 신경 등 노조원들은 광산노조 사무실에서 농성하며 지부장 직선제를 요구했다. 도화선에 불을 붙였다. 4월 21일 억눌렸던 광부들이 파행을 일삼은 지부장을 성토했고 사북지서로 몰려갔다. 다음 날에도 놀라운 일이 일어났다. 광부와 여성들, 마을 주민 6000여 명이 모였다. 광부를 다 합해도 3500여 명인 시절이었다. 도급제 개선, 지부장 직선제, 비인간적 처우 개선 등 마땅한 요구를 외쳤다. '안경다리'에서 경찰의 무리한 진압을 막아냈다.

계엄사령부는 4월 22일 11공수부대 2개 대대를 보내 진압하라는 작전명령을 내렸다. 병력 투입 시점은 4월 25일 새벽이었다. 공수부대가 인근에 대기하고 있다는 소식이 전해졌다. 이원갑과 신경은 많은 사람들이 총칼에 해를 입을 것을 염려했다. 바리케이드를 만들고 탄광의 화약고와 예비군 무기고를 점거했다. 대신에 지키기만 하고 '뜯지는 말라'고 당부했다. 화약고가 터지면 사북 전체가 다 날아갈 수 있었다. 공수부대의 공격을 막을 최후의 방법이었다. 공수부대가 투입된다면 사북은 '5·18 이전의 5·18'이 될 뻔한 상황이었다. 작전명령서에는 총기 사용에 관한 협조 지시까지 담겨 있었다. 사측은 위기감으로 적극 협상을 시도했고 4월 24일 새벽 타결됐다. 하지만 합의 사항은 이행되지 않았다.

계엄사 합동수사단과 강원도경은 149명의 난동 주동자 명단을 작성해 5월 6일부터 연행을 시작하고 불법 구금한 채 갖은 고문으로 빨갱이 혐의를 찾고 싶어 했다. 머리가 터지면 꿰매고 다시 때렸다. 여성들에게는 성적인 가혹 행위까지 저질렀다. 임시로 칸을 나눈 조사실에서는 비명이 다 들렸다. 이원갑은 그때 차라리 죽고 싶었다고 했다. 곧이어 광주항쟁이 일어나지 않았다면 고문 조사는 더 심해졌을지도 모른다.

항쟁이 끝나고 세상에 알려진 것은 '무식한 광부들의 난동,' '부녀자 집단 린치' 등의 언론 보도였다. 보안사는 3월 중순부터 'K-공작 계획'에 따라 비판적 언론인들을 솎아내고 검열하고 있었다. 철기둥에 묶여 있는 지부장의 아내 사진이 인권 존중 없이 실렸다. 그러나 린치 사건은 사북항쟁의 또 다른 비극이었다. 4월 22일 오전 광부들과 여성들은 지부장 사택에서 지부장 나오라며 살림을 부수고 내팽개쳤다. 이웃집에 숨어 있는 지부장의 아내를 발견하고는 집단 폭행하고 광업소 기둥에 묶고 성적인 가혹 행위를 저질렀다. 다음 날에는 손을 묶고 인질로 삼아 지부장을 찾기 위해 사북 시내를 끌고 다녔다. 지부장의 아내는 협상이 타결된 후에 억류에서 풀려났다. 애꿎은 여성이 분풀이 폭력을 당한 끔찍한 사건이었다. 훗날 이원갑은 '없어야 했을 일'이라고 회고했고, 대표자로서 지부장의 아내를 찾아가 사죄했다. 과거사정리위원회는 국가가 지부장의 아내와 가족의 정

사북사태 이후 복구 대책을 듣고 있는 광부들. 『경향신문』(1980. 4).
ⓒ 민주화운동기념사업회 오픈아카이브.

신적 고통을 위로하는 적절한 조치를 취하라고 권고했지만 별다른 조치는 없었다.

사북항쟁은 부마항쟁과 광주항쟁 사이에 있었다. 일한 만큼 임금을 받고 인권을 존중받고 싶었다. 하지만 사측만이 아니라 군사 반란 세력이 장악한 정부와 행정 당국, 경찰, 정보기관, 계엄군, 어용 간부와 싸워야 했다. 사북항쟁은 뜻을 이루지 못했다. 훗날 신경은 이렇게 말했다. "우리가 배운 게 있어요, 가진 게 있어요. 우리가 가진 것은 오직 한데 있는 노동자들이 한목소리를 내서 기업주가 정신을 퍼뜩 차리게 하는 거지. 안 그러면 정신 차려요? 노동자들이 무섭구나, 이러면 안 되겠구나, 이렇게 해야 기업주들도 깨친다고. 사람이 깨쳐야 한다니까." 그러나 그들의 저항은 갈림길을 만나 패배했다. 그들은 국가폭력의 피해자가 되었고 한 여성의 가해자가 되었다.

후세대는 사북의 저항을 어떻게 기억할 수 있을까. '나도 가해자'라고 도덕적으로 반성하는 가해자 의식도, 피해자와 자신을 동일시하는 '나도 피해자'라는 피해자 의식도 기억의 연대에는 미치지 못한다. 절망스러운 조건에서 필사적으로 저항하는 사람들은 어떤 윤리를 가질 수 있을까. 가해자 의식과 피해자 의식에 갇히지 않는 저항의 윤리를 고민할 때 사북항쟁의 기억법을 찾을 수 있지 않을까.

고집스러운 독일 한인 광부들의 기억

이유재
튀빙겐대학교 한국학

   파독 광부·간호사에 대한 기억은 한국에서 대체로 긍정적이다. 그들이 1960~1970년대 보릿고개 시기에 멀고 먼 타지에 가서 어려운 노동조건하에 외화를 벌어 고국의 경제 발전에 이바지했다는 서사가 지배적이다. 그들이 본인에게는 거의 돈을 쓰지 않고, 봉급의 대부분을 고국에 있는 가족에게 매달 송금한 사실은 널리 알려져 있다. 몇 년 전 흥행에 크게 성공한 영화 〈국제시장〉의 주인공은 파독 광부로서 겪은 고난과 희생의 서사를 잘 대변한다. 이들만큼 극적으로 대한민국 현대사에서 성공 신화와 이를 위한 개인의 희생을 상징하는 집단이 많지 않기에, 몇 년 전부터 한국에서는 이들에 대한 관심과 애정이 커진 경향이 있다. 그러나 세간의 큰 관심에 비해, 파독 광부에 대한 본격적인 생애사 연구는 거의 없다. 나는 독일에 남아 있는 파독 광부 10명에 대한 구술사를 진행한 바 있다. 그들이 기억하고 재구성한 삶은 어떠했을까?

파독 광부의 대다수는 당시 빈곤하고 기회가 부족한 한국에서 벗어나려는 돌파구로서 이주를 선택했다. 농촌 젊은이들은 더 이상 농업에서 미래를 찾지 못했지만, 절대적 빈곤을 극복할 수 있는 다른 수단이 보이지도 않았다. 아버지의 이른 죽음이나 부자간의 갈등 등 복잡한 가족 상황으로 아들은 또 다른 부담과 책임을 짊어지게 되었다. 대학 교육을 받은 사람들조차 일반 실업률이 20퍼센트에 육박하는 사회에서 출세의 길로 원만하게 들어서기란 쉽지 않았다. 대다수의 청년들에게는 군 복무가 인생에서 최초로 가족에게서 벗어나는 기회였고, 자신이 처한 절망적인 환경을 잊을 수 있는 기간이었다. 베트남 파병으로 해외 돈벌이를 처음 경험할 수 있었다. 파독 광부들 중에서도 군 복무 시기 베트남 파병을 신청한 사람들이 의외로 많다. 군대에서 한국을 떠나기로 마음먹은 젊은이들은 제대하자마자 신문광고나 친구의 추천으로 파독 광부 프로그램을 선택했다. 고향에 돌아가서 마주친 환경은 여전히 절망적이었기 때문이다.

광부와 간호사가 서독에 갈 수 있었던 것은 서방 자유 진영이 개발원조를 도구로 개발도상국들을 자유 진영에 편입시키고자 했기 때문이다. 이런 냉전의 구조가 없었다면 서독은 한국에서까지 광부와 간호사를 '손님 노동자'로 모집할 일이 없었을 것이다. 기본적으로 기술원조의 틀을 갖춘 1963년 '한국 광부의 임시 고용 계획에 관한 협정'은 3년 프로그램으로, 공식적으로 한국 광부들을 서독에서 교육시켜

第一回西獨鑛員派遣者一同記念
1963、12、3、

1963년 1차 파독 광부 기념사진. ⓒ 보훔 광산기록관.

귀국 후 한국의 광산업 발전에 이바지한다는 명분으로 이루어졌다. 하지만 현실에서는 실무 협상 파트너들이 각자 자기 이익을 챙기는 데 바빴다. 서독광산협회는 한국 광부를 막장에만 투입하는 조건으로 협정을 받아들였으며, 한국 해외개발공사는 협정을 위반하면서까지 광부가 아닌 일반인을 파견했다. 광산 경험이 없는 파독 광부에게 성과제 막장 노동은 육체적으로 감당하기 힘든 것이었다. 막장의 지열과 먼지는 이들에게 생소한 경험이었고, 모든 노동 기구는 독일 노동자의 체구에 맞게 만들어져 삽은 너무 크고, 옮겨야 하는 쇠기둥은 너무 무거웠다. 독일인 동료들은 키 작고 힘약한 동양인을 무시하기 일쑤였다. 이러한 어려움에 대처하기 위해 파독 광부들은 몇 차례 불법 파업을 하면서 독일인과 동등한 임금, 체구에 맞는 노동 분야, 외국인 혐오 금지 등을 요구했다. 하지만 실제로 변한 것은 별로 없었다.

착취적이고 불공평한 노동 관행과 제도에 맞서 광부들은 정기적으로 유급 병가 제도를 역으로 이용하기 시작했다. "아파서가 아니라 너무 힘들어서" 꾀병을 부렸다고 한 광부는 솔직하게 고백했다. 그뿐 아니라 문서를 조작해 복지국가의 혜택인 가족수당과 양육비를 매달 타내는 사람들도 적지 않았다. 광부들은 이에 대해 수치스러움을 느끼고 혹여 파독 광부의 자부심과 긍지에 누가 될까 봐 이런 일들을 숨기길 원한다. 일상사학자 알프 뤼트케Alf Lüdtke는 지배 관계 자체에서 해방되지는 못하지만 그 종속 관계 안에서 굴복하지 않으면서 최대한 자기의 공간과 시간을 확보해서 살아남으려는 행위 양식들을 고집/아집스러운 행위라고 했다. 파독 광부들도 그런 의미에서 노동 일상에서 꾀병을 통해 자기만의 공간과 시간을 확보했다. 광산 경험도 없고 신체 조건도 부적합한 그들이 다치지 않고 건강한 몸으로 무사히 살아남기 위해 어떤 노력을 했는지 엿볼 수 있다. 또한 그들은 직접적 저항을 통해 착취 구조를 바꿀 수 없을 때 복지 제도를 이용해서 불공평한 제도에 반격하는 형식을 택한 것이다. 파독 광부들은 약자이지만 희생자가 되기를 거부했다.

결국 1979·1980년 파독 광부들은 집단적 인권운동에서 '한국 광부의 임시 고용 계획에 관한 협정'의 해체를 요구하는 서명운동을 성공적으로 진행했다. 1980년 5월 광주민주화운동의 처참한 진압을 관찰한 서독 정부는 마지막까지 광부로 일하던 800여 명에게 자유로운 직장 선택과 체류 허가를 보장했고, 그 후에 파독 광부 프로그램을 공식적으로 종결했다.

거의 모든 파독 광부가 한국에서 지원할 때 광부 경력을 위조했기 때문에 문서 조작은 용인되었지만, 도둑질은 용서받지 못했다. 한번은 크리스마스이브에 광부 한 명이 가게에서 카메라를 훔치다 잡힌 사건이 발생했다. 그 소식을 듣고 그 광산에서 일하던 200여 명의 한인 광부들이 이 사람에게 강에 뛰어내리라고 강요했다. 다행히도 출동한 경찰이 그를 구출했다. 물에 빠지도록 한 사람들은 경찰서에서 그가 도둑질을 하여 조국에 망신을 주었다고 주장함으로써 자신들의 행위를 정당화했다. 이런 식의 집단 행위는 동료가 불공평한 일을 당했을 때도 나타났다. 막장에서 벌어진 몸싸움에서 주먹으로 한인 광부의 눈을 때린 가해자에게 복수하기 위해 30여 명의 한인 광부는 가해자가 지상에 올라올 때까지 기다린 후 가해자와 그 동료 50여 명을 순식간에 때려눕혀 병원으로 보냈다. 그들은 광산의 안전 담당 부서가 조사한 결과를 기다리지 않았다. 자신들이 충분히 처벌할 수 있고, 같은 민족 동료를 지키는 것을 의무라고 여겼다.

3년 계약이 끝나고 돈을 벌어 귀국해 새로운 삶을 개척하는 것이 파독 광부의 꿈이었지만 현실은 그렇지 않았다. 증언에 따르면, 1960년대에는 한국에 돌아가는 사람이 4분의 1 정도밖에 안 되었다. 상당수는 미국이나 캐나다 등 북미로 이주하거나 독일에 자리를 잡았다. 1970년대에는 북미 비자를 받기가 어려워져 돌아가는 사람이 더 많았지만, 유럽 내 타 국가에 이주하는 사람과 독일에 정착하는 사람이 늘었다. 한국에 돌아가지 않은 제일 큰 이유는 3년 동안 벌어서 한국에 보낸 돈이 그대로 남아 있지 않았다는 것이었다. 한국에 귀국하면 제자리로 다시 돌아가는 셈이었다. 한인 간호사와 결혼해서 비자 문제를 해결함으로써 독일에 체류할 수 있는 권리를 얻은 사례도 많았다. 아이들이 태어나 귀국 계획은 점점 더 멀어져갔다. 하지만 손주를 보고 정년을 훌쩍 넘긴 지금도 언젠가는 귀국하겠다는 꿈을 버리지 않은

독일어를 공부하는 1960년대 한인 광부. ⓒ 보훔 광산기록관.

사람들이 상당히 많다.

독일 사회에 정착하고 새로운 직장을 찾아 산다는 것은 3년 동안 막장에서 육체노동을 한 것보다 훨씬 더 어려웠다. 이들에게는 독일에서의 삶 자체가 불안의 연속이었다. 한국에서 일을 배우지 못한 사람들은 독일에서 새로운 일을 배우거나 공장에 들어가 비숙련 노동자로 일해야 했다. 한 직장에서 정년까지 근무한 사람은 극히 드물었다. 많은 이들이 이직을 거듭한 후 정년이 되기 전에 실업자가 되거나 일찍이 자영업을 선택하기도 했다. 식당이나 식품점 등 자영업은 더 큰 도전이었고 불안정한 삶이었다. 특히 사업이 망하면 이혼이나 가정 파탄의 위기를 맞았다.

이들은 경제적인 어려움 외에도 인종차별의 위험에도 노출되었다. 인종차별은 구조적인 문제이자 일상에서 피부로 느끼는 문제였는데, 이 차별에 대응하는 방식이 매우 흥미롭다. 이들은 차별을 독일인이나 독일 사회의 문제로 보지 않았고, 언어적·문화적 차이에 기인한 소통의 어려움으로 해석했다. 차별의 근본 원인이 자신이 힘이 없고 제대로 된 직업교육을 받지 않았고 독일어를 못하는 데 있다고 이해했다. 그래서 차별에 맞서 직접적으로 저항하기보다는 약점을 보완하기 위해 정면 돌파하는 전략을 구사했다. 외국인이라서 임대주택을 구하지 못하면 무리해서 집을 사거나, 직장을 못 찾으면 자영업을 모색하거나, 스스로 문제를 해결하지 못한다고 생각하면 자녀의 출세로 보상을 받으려고 했다. 차별 경험과 자녀 교육에 대한 집착은 이렇게 긴밀하게 연결되었다. 이러한 정면 돌파와 자녀의 출세를 통한 주류 사회의 인정 획득은 이방인들이 독일 사회에서 살아남기 위한 생존 전략이었다.

이처럼 살아남으려고 노력하는 과정에서 현재 독일 한인 사회의 인프라를 구축했다는 점도 그들이 이룩한 매우 중요한 성과다. 파독 광부와 간호사의 외화벌이는 많이 강조되지만 그들이 한국인 유학생 및 한국 기업 진출을 위해 마련한 토대는 그다지 알려지지 않았다. 민간 외교관으로서, 디아스포라 경제인으로서 한국의 지구적 네트워크를 만드는데 그들은 큰 역할을 했다.

독일 한인 이주자들의 생애사 구술은 많은 시사점을 준다. 첫째, 획일적인 영웅 서사를 벗어난, 약자인 이주민이 살아남은 새로운 영웅 서사다. 그들은 체제에 의해 착취당하지만 체제를 이용하기도 했다. 둘째, 인종차별적인 사회에서 차별의 구조에서 벗어나려고 노력한 동시에 체제에 순응하기도 했다. 때로 직접적인 저항과 충돌을 감행했지만 주류 사회와 대립하지 않았다. 셋째, 차별을 극복하는 궁극적인 방법은 사회이동이었다. 자기 세대가 아니라 긴 안목으로 다음 세대를 염두에 두어 준비했고, 그 수단은 교육이었다. 대학 교육까지 무료인 공교육 체제를 적극적으로 이용했고, 자녀는 부모의 기대를 저버리지 않았다. 그래서 한인들은 독일에서 통합을 성공적으로 이루어낸 이주민으로 평가된다. 하지만 세간에 화제가 되거나 미디어에 노출되지 않아서, 독일 사회에 보이지 않고 들리지 않는 이주자로 남게 되었다. 반면에 한국 사회에서는 큰 주목과 인정을 받고 있다. 아이러니하게도 양쪽 모두 그들의 삶에 대한 기억을 왜곡한다. 한쪽에서는 모범적으로 통합한 이주민이고, 다른 쪽에서는 조국의 경제 발전에 이바지한 영웅이다. 이주 노동자의 생애사 구술은 이런 양극의 기억 방식을 넘어 그들의 기억을 밝히는 데 도움을 준다. 2021년 6월부터 시행된 '파독 광부·간호사·간호조무사에 대한 지원 및 기념사업에 관한 법률'이 그 기억을 더 폭넓은 구술사/생애사 연구로 재현하는 데 기여하길 바란다.

더 이상 목선을 만들지 않는 조선소, '기억 문화'를 대패질하다

우찬제
서강대 국문학과

작가 한승원의 등단작 「목선」(1966)은 갯내 물씬 풍기는 바닷가 사람들의 이야기다. 거친 파도와 씨름하며 김 채취선 일을 하는 양산댁은 이렇게 말한다. "그런디 나는 배 없이 어떻게 살 것이오? 한시도 못 살어라우. 배 없이는 죽어도…." 논밭이 농민들의 삶의 근거지였던 것처럼, 바다 일을 가능케 해주는 배가 삶의 발판이었던 뱃사람들의 한결같은 생각을 양산댁은 매우 극적으로 표출한 셈이다. 양산댁이 결코 빼앗기고 싶지 않았던 목선, 그 나무배를 만드는 배 목수들이 있었다. 그 목수들의 일터인 조선소가 있었다. 지금은 비록 나무배를 만들지 않지만 여전히 예전 그대로 조선소 이름을 간직하고 있는 곳. 속초 칠성조선소로 가보자.

예로부터 관동팔경으로 꼽혔으며, 이중환의 『택리지』가 마치 거울을 펴놓은 것처럼 맑다고 소개한 청초호에 자리 잡은 칠성조선소. 설악산 천불동에서 불어오는 천 개의 바람과 금강산 만물상에서 남하하는 만 개의 바람이 스치며 만나는 곳. 설악산을 등지고 청초호를 바라보면 가슴이 시원하게 뚫리면서 새로운 세계로의 항해를 꿈꾸게 하는 곳이다.

"칠성조선소 살롱 오픈." 입구 간판 서체부터 우선 노스텔지어를 불러일으킨다. 필시 배 옆에 그 배의 이름을 새길 때 썼을 서체 그대로다. 안으로 들어가면 1952년 원산조선소로 시작된 연혁이 일목요연하게 정리되어 있다. 반세기 넘게 재래식 조선업의 흥망성쇠에 웃고 울었던 배 만드는 현장의 이야기들이 관람객들로 하여금 20세기 후반기로 시간여행을 하게 한다. 배를 만들 때 사용했던 누렇게 빛 바랜 설계 도면이며 작업 일지 등 다채로운 자료들이 배 만드는 일에 흥미를 더한다. 소박한 전시실이지만 실제 작은 목선을 재현한 배가, 이곳이 조선소였음을 생생하게 증명한다.

살롱 전시장을 둘러보다 〈나는 속초의 배 목수입니다〉라는 영상을 보면 이곳에서 배를 만들던 목수들의 생생한 목소리를 통해 과거로 통하는 기억의 터널로 들어가게 된다. 집 짓는 목수들과 달리 배 목수들은 굽은 나무 혹은 곧은 나무라도 구부려 배의 구조에 적합한 나무로 매만질 수 있어야 한다. 배 목수 이야기를 들으면서 불현듯 목선의 의미를 거듭 생각한다.

세계적으로 배 만드는 데 많이 쓰였던 삼나무도 그렇고, 한국에서 목선 건조에 쓰였던 금강송도 하늘과 땅을 잇는 우주목宇宙木, cosmic tree에 속한다. 땅과 하늘을 연결하고 회

칠성조선소를 재현해놓은 여러 기록물과 조형물. ⓒ 우찬제.

통하게 하는 신화적 나무로 꼽혔다. 땅에서 하늘로의 상승이라는 염원을 상징하던 수직의 나무로 수평의 항해를 가능케 하는 배를 만드는 목수는, 그렇다면 신화를 현실화하고 현실을 신화화하는 집단 무의식의 장인이 아니었을까. 이쪽에서 바다 건너 저쪽을 향한 꿈을 꾸게 하는 배, 그 푸른 해원을 가로지르며 무한 동경을 가능케 하는 배를 만드는 장인인 배 목수들은 나무의 수직적 꿈을 빌려 인간의 수평적 꿈을 돕는 이들이었을 게다.

하늘을 향한 수직의 기억을 수평의 기세로 바꿀 수 있는 배 목수들 중에서도 속초의 목수들은 남다른 사연과 기억을 지닌 이들이 많았다. 바로 식민지와 전쟁과 분단 상황으로 이어진 한반도의 20세기와 관련된 기억들이다.

현재 칠성조선소를 운영하는 최윤성 씨의 할아버지 최칠봉 씨도 배 목수였다. 창업자인 그는 원산 출신이다. 일제강점기에는 남만주로 징용에 끌려가기도 했다. 칠성조선소에서 함께 일한 포항 출신 배 목수도 거기서 만나 인연을 맺었다. 한국전쟁이 발발하고 흥남 철수 때 부산으로 피란했던 그는 전쟁이 끝났다는 '카더라' 통신을 듣고 북상하다가 속초에서 발이 묶였다. 청초호 근처에 터를 잡고 배를 만들기 시작했다. 주지하다시피 속초는 전쟁통에 함경도에서 피란 온 이들이 많았는데, 전쟁이 끝나면 고향으로 빨리 돌아갈 수 있도록 고향 가까운 곳에 머문 것이었다. 북한에서 어업에 종사하던 이들이 많았고, 속초 앞바다의 어획량도 증가했다. 명태, 오징어, 꽁치, 양미리 등을 많이 잡을 수 있었기에 속초의 포구들은 흥성했다.

그럴수록 배 목수들은 진가를 발휘했다. 한승원의 소설에서 그랬던 것처럼 배 없이는 고기잡이를 할 수 없었기 때문이다. 함경도 '아바이'들에게 배는 1차적으로 바다에서 고기를 잡는 삶의 터전이다. 2차적으로, 아니 어쩌면 더 근본적으로 다시 고향으로 돌아갈 수 있는 방편이 바로 배였다. 통일이 되어 귀향할 수 있는 상황에서 그 배로 항해하여 함경도로 간다면, 육로로 고향 가는 것보다 훨씬 빨리 도착할 수 있을 터였다(김원일의 「비단길」에도 생생하게 제시되어 있거니와 실제로 금강산에서 남북 이산가족 상봉을 할 때 속초항만터미널에서 배를 타고 북쪽으로 향했다). 그런 배를 만들어주는 배 목수가 어찌 아바이들에게 귀하지 않을 수 있었으랴.

그렇게 배 목수들은 특히 1960년대까지 전성기를 누렸다. 1970년대 초반에 조부가 타계하고 할머니가 운영하다가 2대인 아버지 최승호 씨가 운영하게 되면서 사정이 달라진다. 목선의 시기가 지났기 때문이다. 1990년대 아버지는 목선을 만들던 칠성조선소를 철선을 제작하고 수리하는 조선소로 탈바꿈하면서 위기에 대응한다. 조선소 바로 옆에 집이 있었기에 3대인 최윤성 씨는 배 만드는 소리를 듣고 배 만드는 나무 냄새를 맡으며 자랐다. 제작 중인 배 위에서 망치질하는 소리, 전기 대패 소리, 만든 배를 선대에 올려 물로 내릴 때 마치 지진처럼 나는 육중한 소리 등 그를 키운 건 8

할이 배 만드는 소리였고 냄새였다.

그러나 집안에서는 조선소 일은 힘드니 절대로 가까이하지 말라고 했다. 속초고 시절 미술 선생님의 조언으로 미술대학 조소과를 다녔던 그는 졸업 후 기억에 관한 작업을 시도했다. 기억의 메타포를 조형적으로 형상화하여 기억의 심미성과 서사성을 모색해보려는 시도였는데, 자신도 모르는 사이에 나무배를 만들고 있었다. 작업실 근처에서 버려진 목재들을 주워 모아 어린 시절부터 보아왔던 배의 모형을 만들고 있더라는 것이다.

그렇게 예술가의 입장에서 배를 형상화하다가 그는 진짜 목선을 만들고 싶어졌다. 미국 메인주 케네벙크포트 소재 랜딩보트 빌딩스쿨에서 3년 동안 배 만드는 일에 몰입했다. 그 학교에 처음 들어섰을 때 그는 훅 끼쳐 오는 나무 냄새에 발걸음을 멈출 수밖에 없었다. 어린 시절 고향집 칠성조선소에서 맡았던, 그를 키운 바로 그 냄새였기 때문이다. 거기서 그는 진짜 배 만드는 사람이 되어갔다. 어려운 고비를 넘길 때마다, 그래서 진짜 배 목수에 근접할 때마다 그는 자기 안에 배 목수의 피가 흐르고 있음을 절감했다. 조소가의 손은 목수의 손으로 변해갔다.

목수의 손으로 귀국했지만 이미 배 목수의 시대가 아님을 누구보다도 잘 아는 그는 아내 백은정 씨와 함께 레저 선박 사업을 새롭게 시도하기도 했으나 시절을 만나지 못한다. 그는 기억의 복합 문화 공간을 구성하기에 이른다. 배를 만

카페이자 기억의 공간이 된 칠성조선소. ⓒ 우찬제.

들던 과거 조선소의 흔적을 그대로 살리면서, 그것이 단지 과거 추수적인 박물관에 머물지 않고 현재를 즐기고 미래를 열어나가는 기억이 되기를 바랐다.

그가 새롭게 조성한 칠성조선소에 초대된 사람들은 여러 시간과 공간, 여러 차원을 경험하게 된다. 배를 만들고 수리하던 곳에서 과거로의 기억 여행을 하면서도, 살롱에서 커피를 마시며 지금 여기서 무엇을 어떻게 새롭게 할 수 있을 것인가를 기획한다. 다채로운 전시와 공연에 참여할 수도 있다. 그래서 과거의 기억은 현재의 구체적 질료가 된다. 마치 아녜스 바르다Agnes Varda와 제이알JR 감독이 함께 만든 〈바르다가 사랑한 얼굴들Visages, Villages〉에서 두 감독이 눈에 띄지 않는 얼굴들을 그들의 기억과 더불어 현재에 새롭게 살려내듯이, 칠성조선소의 기억은 계속 새로운 형태의 문화적 창안물로 거듭나게 될지도 모른다. 가령 칠성조선소 서체만 하더라도 그렇다. 아버지가 배를 만들거나 고칠 때 칠성조선소의 문장처럼 서명하여 썼던 글씨를 폰트회사 산돌과 함께 칠성조선소 서체로 개발한 것이다. 바다에서만 볼 수 있던 아버지의 글씨체를 이제는 육지에서든 하늘의 비행기 안에서든 볼 수 있게 했다. 지금 칠성조선소는 배를 만드는 조선소가 아니다. 그 대신 기억 문화를 만들고 새로운 꿈을 만드는 조선소다. 기억의 고고학을 넘어 기억의 문화적 역동학으로 탈주한다. 오늘도 칠성조선소에는 천 개의 바람이 분다. 만 개의 기억 문화가 꿈틀거린다.

식민지 건축 유산을 활용한 도시 재생 사업의 딜레마

항일의 기억과 식민지 미화 투어리즘 사이에서

전재호
서강대 트랜스내셔널인문학연구소

　　일본의 식민 지배로부터 해방된 지 반세기도 훨씬 더 지났지만, 한국에서 반일反日 민족주의는 여전히 큰 영향력을 행사하고 있다. 그것은 주로 일본의 독도 영유권 주장, 식민 지배 정당화, 종군위안부의 정부 개입 부정, 징용자에 대한 피해 보상 거부, 그리고 친일파 등의 쟁점과 관련되어 있다. 하지만 이 쟁점과 관련 없어 보이는 식민지 건축 유산도 오랫동안 반일 민족주의의 대상이었다.

　　사실 식민지 건축 유산은 해방 직후부터 친일파와 함께 가장 먼저 호명된 '일제 잔재'였다. 따라서 식민 통치의 억압성과 일본 제국주의를 상기시킨 경찰서, 신사, 봉안전, 기념탑, 공덕비 등은 해방 후 바로 철거되었다. 식민 통치의 총본산이던 조선총독부(중앙청)도 여러 차례 철거 시도 끝에 결국 1995년 김영삼 정부의 '역사 바로 세우기' 작업의 하나로 철거되었다. 현실적 이유로 철거되지 않은 식민지 건축 유산도 '적산敵産'(적의 재산)이란 표현이 보여주듯이 계속 부정적으로 인식되었다.

그런데 2000년대가 되면서 식민지 건축 유산은 더는 철거 대상이 아니라 보존 대상이 되었다. 어떻게 이러한 변화가 일어났는가? 그 변화는 1995년 김영삼 정부의 조선총독부 청사 철거를 계기로 시작되었다. 정부는 그것이 '식민 통치의 잔재'이기에 철거해야 한다고 주장한 데 비해, 반대 견해는 그것이 "근대사를 지켜온 역사의 현장"이기에 "이제부터라도 잘 남겨 후손들이 역사적 교훈을 얻게 해야 한다"라고 주장했다. 여기서 주목할 점은 전자뿐 아니라 후자도 식민 통치의 유산을 통해 일본의 침략에 대한 경각심을 일깨워야 한다는 반일 민족주의 담론을 동원했다는 점이다. 이는 식민지 건축 유산의 보호를 정당화하는 데 가장 흔하게 동원되는 담론이 되었다.

이와 함께 다음과 같은 요인도 식민지 건축 유산에 대한 인식 변화에 영향을 미쳤다. 첫째, 1990년대 이래 정부의 문화재 정책은 식민지 건축 유산을 보존 대상으로 포함함으로써 그것이 긍정적으로 인식되게 했다. 문화재보호법은 1970년대에는 보존 대상을 1910년대 이전의 건물로 규정했는데, 급속한 경제성장 과정에서 오래된 건축물이 사라지자 1990년대에는 1930년대 전후까지 건물로 확대했다. 2001년에는 곧바로 지정문화재로 지정하기 어려운 근대 문화유산을 보호하기 위해 '등록문화재' 제도를 도입하여 보호 대상을 1950년대 초반까지로 확장했다. 이로 인해 식민지 시기의 건축물 중 상당수가 자연스럽게 '등록문화재'가 되었다.

둘째, 한국이 선진국으로 도약한 것도 식민지 건축 유산에 대한 인식이 긍정적으로 변하는 데 영향을 미쳤다. 한국인은 경제 발전과 민주화에 성공하면서 자국에 대한 자긍심을 갖게 되었고, 동시에 일본에 대한 두려움이나 열등감에서도 벗어나게 되었다. 특히 1998년 김대중 정부의 일본 문화 개방, 2002년 월드컵 한일 공동 개최, 한국의 일류日流와 일본의 한류韓流로 이어지는 한일 관계의 해빙은 한국인의 반일 감정을 약화했고, 이는 식민지 건축 유산에 대한 거부감을 약화했다.

셋째, 1990년대 도입된 지방자치제는 지방자치단체(이하 지자체)가 식민지 건축 유산에 관심을 두도록 만들었다. 지방자치제로 인해 지자체는 재정의 일부를 책임져야 했고, 재정 확보 방안의 하나로 식민지 건축 유산을 활용한 관광사업에 눈을 돌리게 되었다. 그 결과 식민지 건축 유산은 2000년대 여러 지자체의 '도시 재생 사업'에서 핵심적인 관광자원이 되었다.

2000년대 식민지 건축 유산을 활용하여 도시 재생 사업을 성공적으로 시행한 지역은 군산이다. 잘 알려져 있다시피 군산은 식민지 시기 호남평야의 쌀을 일본으로 실어 가기 위해 건설된 항구도시였다. 당시 군산에는 많은 일본인이 거주했고, 자연스럽게 일본식 가옥과 거리가 조성되면서 한반도에서 가장 '근대화'된 도시 중 하나가 되었다.

그러나 해방은 군산의 운명을 바꾸어놓았다. 일본인이 철수하고 일본과의 교류가 단절되면서 과거의 활력을 잃는 데 더해, 1960년대 이후의 경제 발전 과정에서 소외되면서 식민지 시기와 정반대로 '쇠락한' 지역으로 전락했다. 그런데 이러한 '미발전' 덕분에 식민지 시기 형성된 구도심의 건축 유산이 존속할 수 있었다. 물론 세월이 흐르면서 상당수의 건축 유산이 사라졌지만, 그래도 다른 지역에 비해 상대적으로 많은 건축 유산이 남았다. 그랬기에 군산은 2000년대부터 그것을 활용하여 도시 재생 사업을 전개할 수 있었다.

흥미로운 점은 군산이 식민지 문화유산을 활용하면서 일제 잔재를 활용한다는 비판을 의식하여 반일 민족주의 담론으로 자신들의 사업을 정당화했다는 점이다. 곧 어두운 역사의 단면을 보존하여 '교육 장소'이자 '관광 상품'으로 개발하겠다는 점을 강조했다. 이에 따라 식민지 건축물에는 일제의 침략 역사를 전시하는 공간을 조성하고, 안내문에는 일제의 쌀 또는 경제 수탈에 관한 내용을 적어놓았다. 예를 들어 2012년에 1930년대 근대 군산의 생활 모습을 복원한 '군산근대역사체험공간' 안내문에 "이 공간에서 나라 잃고 서러웠던 시대의 아픔을 되새겨보고자 한다. 역사는 흘러간 과거가 아닌 우리의 미래를 비추는 거울이다"라고 적었다.

군산3·1운동100주년기념관(위)과 군산항쟁관(아래) . ⓒ 전재호.

군산근대역사체험공간 중 고우당. ⓒ 전재호.

곧 반일 민족주의 프레임에 따라 관광객에게 식민지 시기의 치욕스러운 역사를 '기억'할 것, 그리고 그를 통해 다시는 그런 역사를 반복하지 않겠다는 교훈을 되새길 것을 유도하고 있다.

또한 군산은 일제의 수탈뿐 아니라 '항일抗日'의 기억을 재현하는 새로운 공간도 조성했다. 대표적으로 원도심인 월명동에 있는 일본식 주택을 리모델링해 '군산항쟁관'을 조성했다. 건물의 1층에는 항일 투쟁을 강조한 역사관을, 2층에는 독립운동가의 수난을 강조하기 위해 고문 체험관을 조성했다. 이는 민족의 항쟁과 역사의 아픔을 느끼도록 만든 장소다. 2018년에는 금강 하구에 있는 구암동산에 3·1운동 역사공원을 조성하고, '군산3·1운동100주년기념관'을 건립했다. 기념관은 군산의 3·5만세운동을 이끈 영명학교를 재현한 건물로, 만세운동과 관련된 다양한 유물을 전시하고 그날의 역사를 재현하며 나라 사랑 체험 활동을 하도록 구성했다.

이렇게 군산의 도시 재생 사업은 관광객을 유치하기 위해 식민지 건축 유산을 활용하는 한편, 일제의 억압과 수탈, 그리고 한국인의 저항기억을 환기함으로써 그들에게 반일 민족주의를 고취하려 했다. 이는 이 사업이 반일 민족주의의 강한 영향력 아래서 진행되었음을 보여준다.

그러나 일부에서는 군산의 도시 재생 사업을 '식민지 미화 투어리즘'이라고 비판했다. 한 연구자는 근대역사체험공간을 특정하여 그것이 식민지 건축 유산을 정비·복원하는데 그치지 않고, 당시 존재하지도 않았던 일본식 여관 건물을 막대한 국가 예산을 들여 새로 지어 '고우당古友堂'이라는 이름을 붙이고 민간에 위탁 경영시킨 점을 비판했다. 특히 "위안부 할머니들에게 제대로 된 사과 하나 없는 일본이 어떻게 우리의 '고우,' 곧 오래된 벗이 될 수 있는지에 대한 설명도 없이 다다미방에 일본식 가구를 들여놓고는 여관 경영을 하고 있"다는 것이다. 또한 일제 건축물을 보존하는 것은 건물의 조형미 때문이 아니라 역사를 증언하기 위해서인데, 현재는 일제 건축물의 우수성을 증언하듯이 전시되고 있다고 비판했다.

이에 더해 도시 재생 사업의 결과로 새롭게 조성된 구도심의 모습이 1930년대 '왜색 짙은' 군산의 모습이라는 비판도 제기되었다. 예를 들어, 월명동의 체험공간은 대부분 1930년대 일본식 가옥과 일본어 간판 및 상표를 앞세운 일본식 상가 주택으로, 목조 건물의 특징이 강조되면서 원형보다 더 일본적인 이미지들이 덧붙여지기도 했다. 이는 관광객을 유인하기 위해 "당대의 일상과 문화를 이국적이고도 세련된 이미지로 재현"했다고 비판받았다. 또한 식민지 시기 일본인의 생활상을 재현한 히로쓰 가옥도 이국적 취향을 소비하는 관광객의 기호에 맞추어 관광 상품으로 재탄생했다. 따라서 이 역시 식민지 시기를 미화하고 향수를 불러일으킨다는 비판에 직면했다.

결국 군산의 도시 재생 사업은 식민지 건축 유산을 활용하면서도 반일 민족주의를 고취하기 위해 일제의 억압과 수탈 및 한국인의 항쟁이라는 기억을 재현하고 강조했다. 그러나 그것은 식민지 건축 유산을 최신 기술로 리모델링하면서 의도치 않게 당대를 미화하고 향수를 불러일으키는 부작용을 낳았다. 이는 식민지 건축 유산을 활용하는 사업이기에 피할 수 없는 딜레마다. 곧 근대 문화유산의 상당수가 식민지 시기에 건설되었던 역사를 바꾸거나 지울 수 없으므로, 반일 민족주의의 영향력이 지속되는 한 근대 문화유산을 활용한 도시 재생 사업은 '식민지 미화 투어리즘'이라는 비판에서 벗어나기 힘들 것이다.

21세기 북한,
두 개의 기억 두 개의 공간

차문석
국립통일교육원

현재 북한에서 과거, 특히 1950~1960년대의
기억을 소환하는 움직임이 고조되고 있다. 김정은 체제는
전후의 어려웠지만 위대했고 낭만적이었던 천리마 시대를
상기시키고, 국가의 생산성을 위해 분투했던 영웅들과 그
들이 살았던 시대의 이야기를 현재 시제로 재생하고 있다.
이는 영웅과 영웅담이 필요해진 오늘날 북한 체제의 고단
한 상황을 예측케 한다. 북한은 2021년 4월 노동당의 말단
조직 책임자들을 집결시켜 당세포비서대회를 개최하고 '더
욱 간고한 고난의 행군' 상황 속에 있음을 언급했다. 북한의
고난의 행군 경험은 크게 세 차례로 정리된다. 1938년 김일
성 항일 빨치산 부대가 영하 40도의 모진 추위와 눈보라 속
에서 견뎌낸 행군이 첫 번째, 1950년 6·25전쟁 이후 전후 경
제 복구 시기가 두 번째, 1990년대 기근과 기아와 경제난으
로 많은 인민이 굶주림으로 사망했던 경험이 세 번째로 '고

난의 행군 정신'과 '패배주의를 모르는 낙관주의'의 기억으로 소환된다. 김정은은 2021년 1월 8차 당대회에서 북한의 현 시기 고난의 행군을 초래한 삼중고를 언급했는데, 북한 지도부의 책임이 교묘하게 면해져 있는 코로나19 사태, 자연재해, 그리고 국제사회의 대북 제재가 그것이다. 실제로 코로나19의 확산에 대응해 북한은 세계에서 가장 빨리 (북중) 국경을 폐쇄한 나라가 되었고, 이로 인해 북한 무역의 90퍼센트를 차지하는 시장을 상실했다. 현재 1960년대 천리마 시대의 소환은 삼중고라는 엄중한 난관을 고난의 행군 정신으로 극복하자는 것이다. 특히 인민들이 방종하지 않고 국가에 책임감을 가지고 1960년대식 영웅으로 재탄생하여 이 위기를 극복할 것을 전 국가적으로 강제하고 있다.

이에 따라 북한은 현재 특정한 과거인 천리마 시대와 그 영웅들을 소환하여 21세기 북한 인민들을 이른바 호모 소비에티쿠스Homo Sovieticus로 개조하려는 '인간 개조론'을 시도하고 있다. 김정은은 '인간 개조 운동이 힘 있게 벌어지던 천리마 시대처럼 뒤떨어진 사람들을 사회주의적 근로자, 애국적인 근로자로 만드는 사업을 전당적으로 조직 전개'할 것을 지시했다. 천리마 시대의 영웅들의 영상과 기록을 방송에서 선동적으로 편집하여 방영하면서 천리마 시대의 영웅담을 사회적으로 회자하고 있으며 '사회주의 낭만의 시대'를 다시 회고하고 있다. '인간 개조의 선구자들, 천리마 시대의 영웅들'을 특집으로 삼아서 평양제사공장의 영웅 길확실과 강선제강소의 영웅 진응원 등 국가의 생산성을 담당했던 북한의 헤라클레스들을 현재로 소환하고 있다. 이러한 분위기를 고조시키기 위해 김정은은 2019년 4월 길확실 영웅의 탄생지 김정숙 평양제사공장을 방문했고 이 자리에서 천리마 시대와 (하루에 1만 리를 가는 말) 만리마 시대의 결합을 강조했다. 방송에서는 1960년 8월 18일 전국천리마작업반운동선구자대회 당시의 장면들과 강선제강소를 방문한 김일성의 영상도 방영되었다. "동무들은 나를 믿고 나도 동무들을 믿고 이 난관을 헤쳐나가 보자"고 노동자들에게 호소했던 김일성의 목소리가 이제는 김정은의 목소리로 재현되고 있다.

천리마 영웅들은 과거 1950~1960년대에는 국가가 설정한 생산 고지를 향해 숨 가쁘게 달려나갔던 김일성의 영웅들이었으나 이제 되불려져 김정은의 전사들이 되도록 편집되었다. 영웅들의 기억들은 재생되어 현재 북한에서 범람하는 '비非사회주의'와 시장을 주된 적으로 삼아 그들의 무용담을 뿌려내고 있다. 북한에서 이미 시장은 사회 전반에서 본격적으로 구조화되었고 북한의 국정 화폐가 아닌 외화(달러와 위안화 등)가 이 구조를 주도하고 있다. 북한 당국은 돈주들(돈을 모은 자산가들)과 환전상들이 사회주의를 오염시키고 한국의 한류 문화가 사회주의 조국을 더럽히고 있다고 본다. 당면한 위기의 책임을 외부(삼중고)와 사회(시장)에 떠넘기면서 사회주의적 규율을 강제하여 천리마 시대와 같은 사회로 재구성하려는 회고적 시도를 하고 있다. 이를 위해

2020년 11월에는 환율 조작을 통해 사회주의 경제를 어지럽혔다는 이유로 환전상을 처형했고, 2020년 12월에는 남한 영상물 유포자는 사형하고 시청자는 징역 15년 형에 처하는 '반동사상문화배격법'을 제정하는 등 사회와의 전쟁을 선포했다. 충성심이 약하다고 판단된 북한판 MZ 세대들(일종의 장마당 세대)에 대한 국가적 통제를 강화하기 시작했고 급기야 남한 드라마 시청을 단속하는 109연합소조가 주도하여 규율을 잡으려 하고 있다.

현 시기 북한에서 천리마 시대를 재현하는 기억전쟁은 권력층의 기획으로 일방적으로 진행되고 있다. 기억된 과거가 단순히 향수가 아니라 육질을 가진 존재로 물리적으로 되불러지고 있고, 과거와 그 기억이 실존으로 재구성되고 재조립되고 있다. 이것은 21세기 북한에서 일종의 권력 전쟁을 구성하고 있다. 이 권력 전쟁은 사실상 기억전쟁의 형식을 취하고 있으며 정치권력과 사회 간의, 노동당과 장마당(사회) 간의 전쟁으로 진행되고 있다.

현재 북한 권력이 천리마 시대를 재현하려는 그 기억의 공간은 북한에서 반反공간을 형성하고 있다. 21세기 북한의 실존하는 공간은 그 되불러진 기억의 공간에 강하게 맞서고 있기 때문이다. 공간과 반공간이 기묘하게 공존하고 있으며 이 되불러진 공간은 반공간으로서, 실재하고 싶으나 이상의 형태로만 존재할 수밖에 없는 푸코의 헤테로토피아 heterotopia다. 북한의 21세기를 상징하는, 역동적인 시장으로 가득 찬 평양과 주석궁에 누워 있는, 1960년대를 상징하는 김일성의 주검이 공존하는 평양처럼 이 두 개의 공간이 서로의 반공간으로서 공존한다. 개인주의가 파고들어 사회주의로부터 멀어지고 있는, 그리고 시장으로 범벅이 된 21세기 '현재' 공간과 이 공간에 대항하고 교정하기 위해 권력이 호출한 '위대한 기억의 공간'이 대립하는 것이다.

이 두 공간의 대립 속에서 기억전쟁은 두 가지 방향으로 진행되고 있다. 하나는 권력 부문이 과거 권력의 기억을 재구성하고 있다. 김정은은 과거의 김일성을 모방하는 방식으로 과거로부터 권력을 가져오고 있다. 공식석상에 처음 등장할 때도 그랬듯이, 김정은은 2020년 4월 포사격 훈련장을 참관할 때 할아버지 김일성을 연상시키는 차림으로 등장했다. 이는 과거 김일성 시대, 즉 천리마 시대의 향수를 강력하게 자극한다. 김정은은 김일성을 21세기에 재현함으로써 기억전쟁을 가동하고 있으며, 2021년에는 김일성이 가졌던 호칭 그대로 노동당 총비서가 되었다.

다른 하나는 그렇게 재현된 권력이 사회를 과거의 기억에 따라 재구성하려고 한다. 이때 동원되는 것이 영웅들이다. 김일성에 대한 기억은 1960년대 영웅들과 결합되어 재구성되고, 노동당이 영도하던 그 체제를 화려하게 부활시키면서 비사회주의적인 현재를 근본적으로 흔들고 수정하려고 한다. 노동당과 영웅 시대의 기억의 조각들은 선택적으로 연결되고 현재적 맥락이 개입되었다. 현재 권력의 욕망이 기둥이 되어 서사들이 만들어지고 있다. 이 과정에서 북한의 엘리트들은 선전과 매체를 동원하여 대중의 기억을 동질화함으로써 천리마 시대로 이끌고자 한다. 하지만 북한의 인민들은 현재 미화되고 영웅화된 당국의 기억에 맞서는 공간, 즉 권력이 설정한 공간에 반하는 공간 속에서 치열하게 기억전쟁을 하고 있다.

두 공간의 공존과 대립은 어떻게 정리될까. 이 두 공간은 서로 반공간으로서 기억전쟁을 수행한다. 두 기억, 두 공간의 전쟁은 아마도 북한의 현재와 미래를 결정하게 될 것이다. 이미 시장은 북한에서 공간적 권력을 지니게 되었고 화폐는 그 공간을 자신의 네트워크로 가득 채우고 있다. 여기에는 달러, 위안화, 엔화 등 각종 국적의 화폐들이 장악하고 있다. 천리마 시대로부터 소환된 영웅을 기각하는 북한 시장에서는 수령의 초상이 인쇄된 북한 국정 화폐가 미국과 중국의 정치인이 인쇄된 달러화와 위안화보다 신뢰받지 못하고 있다. 특히 2009년 화폐개혁 이후 수령의 화폐는 대중의 신뢰를 완전히 상실했다. 기억의 소환을 통해 인민들을 호모 소비에티쿠스로 만들려는 김정은의 인간 개조론은 시대착오적이고 퇴행적인 운동으로 외면받고 있다. 공간전쟁과 기억전쟁이 진행되고 있는 북한에서 오히려 천리마 시대의 기억이 패배하는 쪽으로 방향이 전환되고 있다. 아직 그 종착지는 알 수 없으나 북한 당국이 영웅적으로 기억하고자 하는 과거는 더 이상 재현될 수 없을 듯하다.

빈곤의 추억과 불평등의 기억

황병주
국사편찬위원회

경제개발은 현대의 신화다. 정작 독일에서는 '라인강의 기적'이란 말을 거의 안 쓴다는데, 그것을 본떴다는 '한강의 기적'은 신화와 전설처럼 회자된다. 이 신화는 빈곤과 가난을 기초로 만들어졌다. 세계 최빈국에서 불과 수십 년 만에 선진국 문턱을 넘고 있다는 기적이 가능하기 위해서는 무엇보다 빈곤의 시대가 증명되어야 한다. 빈곤의 기억이 만들어져야 개발 연대의 역사 또한 가능해진다.

적어도 한국전쟁 이후 빈곤은 모든 이들의 집합기억이다. '라떼는 말이야'를 입에 달고 사는 평범한 꼰대들은 물론이고 저명한 분들의 기억 역시 다르지 않다. 예컨대 한일협정 반대투쟁에 나섰던 김지하는 도처에 가난이 있었고 결국 그것 때문에 5·16을 슬그머니 인정할 수밖에 없었다고 기억한다. 평생을 반反박정희로 일관한 민주화운동의 원로들과 지식인들조차 경제개발에 성공한 박정희의 공을 인정할 수밖에 없다고 한다. 김대중은 박정희가 '하면 된다'는 정신을 깨우쳐준 공이 있음을 인정한다. 시장경제와 민주주의의 조화로운 발전이란 그의 캐치프레이즈는 정확히 박정희와의 화해, 그가 만들어낸 개발 정신의 수용을 지시한다.

오늘날 우리는 과거의 빈과 현재의 부 사이의 시간적 낙차를 발전이란 이름으로 명명하여 집단기억으로 장착한 주체들로 살아가고 있다. 이러한 빈과 부의 역사화는 '빈곤의 정치'가 한국 현대사를 관통하고 있음을 보여준다. 장면의 제2공화국 정부가 경제 제일주의를 국가 캐치프레이즈로 내세운 것은 단군 이래 최초였다. 주지하듯이 박정희와 군사정권은 이를 충실히 계승했다. 요컨대 한국전쟁에 이어 빈곤과의 전쟁이 한국의 주전장이었다.

이 전쟁의 가까운 기원은 미국이다. 미국의 최다선 대통령 루스벨트Franklin Delano Roosevelt는 이른바 4대 자유를 내세우며 「대서양헌장」에 이어 「유엔헌장」으로 이어지는 보편적 시대정신의 헤게모니를 구축하고 세계사적 주도권을 장악하고자 했다. 4대 자유 중의 하나가 빈곤으로부터의 자유였고 미국은 전대미문의 풍요를 구가하는 국가로 전 세계에 현시되었다. 히틀러와 처칠Winston Churchill을 싸잡아 구시대로 만들어버리고 새롭게 세계를 호령할 미국의 실체는 무엇보다 달러였다. 그들의 부유함은 군사력은 물론이고 삶 속에서 묻어났다. 일찍이 미국물 좀 먹어본 엘리트치고 그들의 거대한 생산력과 풍요로운 삶에 질리지 않은 이가 없었다. 전후 조국의 황량한 폐허와 인류 최고의 풍요로움을 동시간대로 접한 이들이 일종의 콤플렉스에 휩싸이지 않는다면 그것이 더 이상할 터이다.

가난했다는 기억의 실증성은 미국으로부터만 부여된 것은 아니다. 비교 대상을 좀 낮춰 잡아도 사정은 별반 다르지 않았다. 일본은 물론이고 필리핀과 말레이시아도 우리보다 부자라는 얘기가 1950~1960년대 언론 지면을 횡행했다. 말레이시아의 가구당 자전거 보유 대수가 한국을 훨씬 능가한다는 보도가 사람들의 마음에 빈곤을 차곡차곡 심어주었다. 너나 없이 모두 함께 '국가적으로' 가난했다는 집단기억의 신화는 가진 자와 없는 자를 모두 갈아 넣어 불쌍한 한민족을 만들어냈다. 한국은 총체적으로 가난해졌다.

한술 더 떠 박정희는 5000년 가난을 강조했다. 역사시대가 통째로 빈곤의 시대로 환원되었다. 신라의 화려한 문화도 고려의 귀족 문화도 세종대의 찬란한 문화도 모두 빈곤한 시대의 막간극에 불과해졌다. 이러한 가난의 기억 전략에 대한 성찰이나 비판은 별로 눈에 띄지 않는다. 박정희와 그의 시대가 개발한 또는 발명한 빈곤의 기억 문법은 어느새 우리 모두의 움직일 수 없는 역사적 사실로 고착되었다. 무엇보다 발전과 개발은 가난해야만 도드라지는 법이다. 박완서의 말대로 남의 불행을 고명처럼 얹어야 더 맛깔나는 행복처럼, 발전은 가난해야 빛이 나는 법이다.

이로써 세계는 빈국과 부국, 다른 말로 후진국과 선진국으로 양분되었다. 이는 공산국가와 자유국가라는 냉전의 질서와 중첩되었고, 한국은 후진 반공 국가라는 좌표 위치를 배정받았다. 국가와 민족 단위의 빈곤과 후진은 개인의 빈곤감을 증폭하면서 전치시킨다. 한국의 최고 부자도 미국의 홈리스보다 못하다는 기묘한 감각이 개발되고 한국의 빈곤한 자들을 위무한다. 너나 없이 가난했다는 이 집합적 빈곤 감각이야말로 개발주의 최고의 자양분이다. 이 자양분을 먹고 자란 콤플렉스가 경제개발의 동력이 되어야 한다는 게 박정희를 위시한 개발 프로젝트 엘리트들의 욕망이었을 것이다.

그리하여 선진국과 후진국 사이에 중진국이라는 개념이 개발되고, 후진에서 선진으로 가는 과정을 담당할 개발도상국이라는 용어가 유행한다. 세계를 역동적 발전 과정으로 개념화하여 실천하는 프로젝트가 곧 한국의 경제개발 과정으로 구체화된다. 이로부터 한국의 장밋빛 미래는 1970년대에서 1980년대로 그리고 21세기로 끝없이 유예된다. 빈곤이라는 상태가 개발이라는 과정으로 소실됨으로써 한국의 빈곤은 해결(?)된다.

빈곤은 개발을 통해 척결되어야 할 악이자 더 나아가 윤리적 타락의 징후로까지 확장된다. 더 이상 가난은 고매한 인격의 상징이기는커녕 무능하고 게으른 자들의 업보라는 자유주의와 능력주의적 문제 설정이 사람들을 질타하고 계몽하고자 했다. 개발 연대는 사회적 유동성을 극대화했고 다른 사람들은 모두 부자가 되고 있는데 나만 뒤처지고 있다는 강박을 불러왔다. 평등한 빈곤의 기억은 어느새 불평등한 가난의 현실로 전변되었고, 수직적 승강운동의 결과는 오롯이 자기 책임이라는 자유주의가 스멀스멀 스며들었다. 가난은 나라님도 어쩔 수 없다는 말에 이어 하늘은 스스로 돕는 자를 돕는다는 각자도생의 길이 제시될 뿐이다. 굶어 죽을 자유가 싸우다 죽을 자유를 대신해갔다.

한편 저항운동의 최전선에 있었던 학생들과 지식인들이 한일협정이라는 민족문제, 삼선개헌이라는 민주주의를 붙들고 1960년대를 건넜다면, 1970년의 전태일은 자신의 몸과 함께 근로기준법을 불살라버렸다. 이는 곧 기존의 제도적 실천과 저항의 문법 전부에 대한 목숨을 건 심문이기도 했다. 이 사건은 빈곤의 기억을 일거에 뒤집어버렸다. 개발과 발전으로 소실되었던, 국가와 민족 단위로 환원되었던 빈곤의 기억이 귀환했다. 발전을 통한 선진국 따라잡기, 비유컨대 하얀 가면을 두르고자 화이트 워싱에 여념이 없던 엘리트들에게 누렇게 뜬 얼굴이 클로즈업된 셈이다.

한국은 여전히 가난하다. 정확히 말하자면 불평등하게 가난하다. 60여 년이 넘는 경제개발은 빈곤의 불평등을 총체적으로 강화했다. 군사독재 시절 0.310 수준이던 지니계수는 민주화 이후 0.282까지 떨어졌다가 노무현 정부 때 0.358까지 치솟았다. 1퍼센트와 99퍼센트, 10퍼센트와 90퍼센트 사이엔 사다리조차 없다. 강남과 강북을 넘어 테남과 테북(테헤란로 남북쪽)이 등장했고, 농촌과 농민은 물론 지방은 아예 통째로 소멸 중이다. 아파트에 관한 한 정치나 이데올로기의 좌우 개념은 아무런 의미가 없다. 누군가의 가난은 누군가의 부와 나란하다. 더 이상 비교 대상을 외부에서 찾을 필요가 없을 정도로 세계의 빈곤과 풍요가 한국 내에서 득시글거린다. 요컨대 상대적 빈곤의 파이는 무한 증식 중이다.

한국전쟁 직후 한국 사회는 역사적으로 드물게 평등한 세상이었다. 농지개혁과 전쟁은 거대한 평등자 역할을 수행했다. 계급으로서의 지주가 사라졌고 산업 시설이 파괴되어 변변한 자본가도 드물었다. 신분제적 유제 역시 생사를 가른 이데올로기와 폭력 앞에 크게 약화되었다. 잔혹하고 끔찍한 폭력이 수직의 질서를 갈아버려 수평의 세계를 만든 셈이랄까. 이 평등한 세계에 대한 기억이 곧 빈곤이다.

『논어』「계씨편」에 나오는 "불환과이환불균不患寡而患不均"(적음을 근심하지 않고 고르지 못함을 근심한다)은 애초 정치적 세력균형을 의미한 것이라는 해석도 있지만, 사회적 평등의 문제 설정으로 읽어야 할 것이다. 불환불균不患不均의 세상으로부터 자라난 전쟁은 한때 비교적 평평한 세상을 만들어냈다. 그러나 전쟁의 기억은 곧 환과患寡의 기억으로 대체된다. 전쟁을 만들어낸 세계는 잊히고 전쟁이 만들어낸 세계는 환과의 세상으로만 기억되었다. 평등을 기각하고 빈곤을 기억함으로써 환불균患不均의 투쟁은 환과의 경쟁으로 대체되었다. 이 뒤틀린 기억을 만들어낸 역사가 어디로 귀결될 것인지 역사는 아무것도 말해주지 않는다.

죽음의 정치적 승화와
김정은 정권의 문화적 기억

김보민

이화여대

2012년 6월 11일 새벽, 함경남도 신흥군의 어느 산골에 비가 쏟아졌다. "산사태가 났다!" 소리에 세 모녀가 잠에서 깼다. 어머니는 한현경에게 김일성과 김정일의 초상화를 챙겨서 먼저 벗어나라고 당부했다. 한현경은 물살을 헤치고 담장을 넘어가려고 했으나 담장이 무너지면서 물살에 휘말리고 말았다. 얼마 후 동네 사람들은 흙더미 속에서 초상화를 안은 채 숨을 거둔 한현경을 발견했다. 한현경은 세상을 떠났지만, 그에게 국가 차원의 포상이 주어졌다. 북한 『로동신문』에 따르면 북한의 최고인민회의 상임위원회는 6월 18일 정령을 발표하면서 한현경에게 김정일청년영예상을 수여했다. 6월 23일에는 한현경 부모, 학교 교사, 청년동맹 간부에게 명예 칭호와 훈장이 주어졌다. 한현경을 훌륭히 키워냈다는 것이 표창의 이유였다. 한현경이 다니던 인풍중학교는 '한현경중학교'로 이름이 바뀌었다.

김일성, 김정일 동상에 참배하는 북한 인민들. ⓒ〈조선의 오늘〉.

집이 무너져 생명을 잃을 수도 있는 다급한 상황에서 국가가 인민에게 주어야 하는 메시지는 '재빨리 몸을 피하라'가 마땅하지만, 북한에서는 그렇지 않다. 북한 당국은 김일성 부자의 초상화부터 챙겨야 한다는 생각부터 떠올리도록 인민들을 교육해왔다. 북한 사회에서 김일성 부자의 초상화는 그들의 분신으로 간주된다. 각종 공공 기관, 학교 교실, 가정에 걸려 있는 초상화에 먼지가 앉지 않도록 닦는 일은 인민의 주요 일과 중 하나다. 사고가 났을 때 초상화를 지켜서 미담의 주인공이 되면 집안 대대로 영웅이 된다. 한현경 사례처럼 유가족뿐 아니라 주변 인물도 표창을 받는다. 만약 사고 시 초상화를 지키지 않았다는 사실이 알려지면 사회적으로 비판을 받는다. 국가가 인민의 생명보다 지도자의 초상화 보위를 우선시하고 제도적으로 권장하는 것이다.

북한은 지도자를 위한 '도덕적인 죽음'을 권하는 정치 문화가 있다. 수령과 체제를 위하여 목숨을 바치는 일도 불사하라는 메시지는 북한 체제가 위기를 마주했을 때 강화되었다. 북한 당국은 1980년대 중반부터 '사회정치적 생명체론'에 근거하여 인민에게 자신의 육체적인 생명보다 수령, 당, 대중의 유기적 관계에서 나오는 사회정치적 생명을 더 중시하라고 교육했다. '고난의 행군'이라 불리는 최악의 경제난 속에서도 북한 당국은 '수령 결사 옹위 정신'을 강조하고 대대적인 선전 구호로 쓰면서 수령을 위해 목숨을 바치는 일이 최고의 애국이자 충성이라고 역설했다. 식량 공급이 중단되어 수십만의 아사자가 발생하는 위기 상황임에도 북한 당국은 외부의 적으로부터 수령을 결사적으로 지키는 일이 최우선순위라고 선전했다.

　　김정은 정권은 한현경의 죽음이라는 사례를 문화적 기억으로 만들기 위한 국가 차원의 캠페인을 진행했다. 한 소녀의 안타까운 죽음이 지도자를 위해 기꺼이 목숨을 바친 의로운 죽음으로 승화한 것이다. 이는 지도자 개인숭배라는 정치 문화를 형성하려는 위로부터의 작업이었다. 2012년 청년절(청년동맹 결성일)을 맞아 『로동신문』 사설은 "당과 수령에 대한 일편단심이 청년의 특징"이라면서 한현경을 "우리 청년들의 참모습"의 사례로 제시했다. 한현경 사례는 북한의 도덕교과서에도 등장하기 시작한다. 2013년 개정된 고급중학교 1학년(만 14세) 『사회주의 도덕과 법』 교과서는 한현경을 '수령 결사 옹위의 모범'으로 칭했다. 교과서는 학생들에게 이렇게 말한다. "우리는 한현경 학생이 높이 발휘한 수령 결사 옹위 정신의 모범을 본받아 경애하는 원수님을 받드는 길에서 자신의 본분을 다해나가야 한다. 나이 어린 우리들도 자신의 전우로, 동지로 불러주시는 경애하는 김정은 원수님의 값높은 믿음을 가슴에 새기고 경애하는 김정은 원수님을 결사 옹위하는 천겹만겹의 성새, 방패가 되어야 한다."

김정은 정권은 청소년들에게 '한현경 죽음의 기억'을 학습시키고 '한현경 따라 하기'를 권한다. 『로동신문』 2013년 11월 17일자 기사는 "한현경 학생이 한 것처럼" 자기 몸을 던진 한 학생의 일화를 전한다. 2013년 10월 함경남도 허천군 금창고급중학교 학생인 박승호는 마을의 어느 집에서 불이 난 것을 목격하고 초상화를 구하기 위해 불 속으로 뛰어든다. 다행히 인명 피해는 없었지만 박승호의 사례는 김정은에게 전해졌고 김정은은 그를 크게 칭찬했다. 북한의 지도자 개인숭배는 한현경을 따라 행동한 청소년의 사례를 통해 한층 더 강화되었다.

'도덕적 죽음'의 기억은 북한 내 전쟁 분위기를 고조시키고 인민의 단결을 만들어내기 위해 이용되기도 한다. 2013년 4월 17일자 『로동신문』은 침몰한 어선의 일화를 보도했다. 『로동신문』은 침몰하는 배 안에서도 선원들이 초상화를 지켰다면서 "수령 결사 옹위에 바쳐진 삶처럼 값높은 생은

김정일청년영예상이 그려진 북한 우표.
© 〈조선의 오늘〉.

없다"고 수령 결사 옹위 정신을 강조했다. 그런데 이 선원들이 사고를 당한 시기는 반년 전인 2012년 10월 중순이다. 『로동신문』에서 이들에 대한 기억을 불러낸 이유는 무엇일까? 같은 날 『로동신문』 지면에서 그 실마리를 찾을 수 있었다. 이날 지면에는 온통 적을 무찌르자, 결사항전하자는 구호로 가득했다. 2013년 한국 보수 단체들이 김일성 생일인 4월 15일을 맞아 서울 광화문에서 김정은의 모형을 불태우며 북한을 규탄하는 시위를 벌였기 때문이다. 북한 당국은 이 시위에 굉장히 예민하게 반응하면서 군 최고사령부 명의로 '최후통첩장'까지 냈다. 『로동신문』은 "감히 우리 최고존엄의 상징인 초상화들을 불태우는 천추에 용납 못 할 만행"이라고 크게 비난했다. 한국 보수 단체들이 김정은의 초상에 불을 지르자 북한 당국은 이를 오히려 개인숭배 강화에 이용했다. 도덕적 죽음의 기억을 소환하여 인민의 단결을 촉구한 것이다.

그러나 북한을 별천지로 여길 필요는 없다. 한현경의 '도덕적 죽음'은 국가와 민족, 혁명과 이데올로기, 지도자와 수령을 위한 숭고한 죽음으로 승화시키는 죽음의 근대적 주체화 과정의 한 모습이기 때문이다. 소년의 죽음을 신화화하는 일은 근대 국가권력이 '정치종교'적 장치를 통해 권력의 문법을 내면화한 근대적 주체를 만드는 좀 더 극단적인 사례일 뿐이다. 아버지를 당국에 고발하고 친척에게 살해당한 소년 파블리크 모로조프는 1930년대 소련에서 소년 영웅이자 '이상적인 어린이'로 칭송받았다. 가족을 고발하고 보복 피살을 당한 적지 않은 '고발 영웅'은 소련 사회에서 재생산되었고 이들 역시 모로조프처럼 영웅이 되었다. 사회주의 체제에서만 소년 영웅의 기억을 신화화하는 것은 아니다. 한국의 박정희 정권은 "나는 공산당이 싫어요"라고 말하고 무장 공비에게 목숨을 빼앗긴 소년 이승복을 '반공 영웅'으로 추켜세웠다. 이승복의 일화는 교과서에 실렸으며 이승복 동상이 전국의 초등학교 운동장에 세워졌다. 이렇게 독재 체제는 국가를 위한 희생을 대중에게 내면화하는 수단으로 대중 영웅의 죽음을 활용했다. 기억정치의 관점에서 보면, 이들의 죽음이 실제로 있었던 일인지 아닌지는 그다지 중요치 않다. 국가가 언론을 동원해 있지도 않은 미담을 만들어냈든 실제로 소년들을 죽음으로 이끌었든 모두 문제적이다. 이런 관점에서 1968년 이승복과 2012년 한현경의 거리는 멀지 않다.

남북한의 선전이 사실이라면, 한현경과 이승복은 생명권을 존중받아야 할 어린 나이에 수령의 초상화와 반공주의를 위해 목숨을 잃었다. 꽃다운 나이에 애석하게 죽은 두 어린이를 우상화하고 순교자로 받드는 남북한 국가권력의 공식적인 기억은 슬픔과 애도의 개인적 기억과 다툴 수밖에 없다. 권력의 의도와 계산에 따라 두 소년의 안타까운 죽음을 도구화한 남북한의 공식기억을 딛고 넘어설 때, 미래를 향해 열려 있는 기억 문화가 가능할 것이다.

나가며

기념에서 기억으로

기억의 법제화를 경계하며

임지현
서강대 트랜스내셔널인문학연구소

8년 전 이맘때인 2013년 12월 17일 유럽인권 재판소는 논란이 된 판결을 하나 내렸다. 아르메니아 제노사이드 부정론의 법적 처벌이 유럽인권협약 10조에서 보장한 표현의 자유를 침해한다는 것이었다. 아르메니아 제노사이드는 1915년 튀르키예 건국의 아버지 엔베르 파샤Enver Paşa와 청년터키당의 통일진보위원회 주도로 약 150만 명의 아르메니아인을 학살한 최초의 근대적 제노사이드였다.

이야기는 2005년 스위스로 거슬러 올라간다. 튀르키예의 극우 민족주의 정치인 페린첵Doğu Perinçek은 당시 스위스에서 행한 강연에서 아르메니아 제노사이드가 "국제적 거짓말"이라고 강변했다. 미국과 서구 제국주의자들이 날조했다는 것이다. 2007년 스위스 로잔 법정은 페린첵의 발언이 인종차별적이라 판단하고 90일 구금 집행유예와 3000스위스프랑의 벌금형을 선고했다.

스위스 법정에서 유죄가 확정되자, 페린첵은 사건을 유럽 인권재판소로 가져왔다. 유럽인권재판소는 페린첵에 대한 유죄판결이 유럽인권협약에 보장된 "표현의 자유"를 침해한다고 보아 무죄판결을 내렸다. 법적 개념으로서의 제노사이드를 1915년의 사건에 적용하는 데 이견을 나타냈다고 해서, 그가 아르메니아 민족에 대한 경멸감이나 증오심을 부추겼다고 볼 수는 없다는 것이었다.

스위스 정부는 유럽인권재판소의 최고 법정에 항소했으나, 아르메니아 제노사이드 100주년이 되는 2015년 열린 재판에서 최고 재판관들은 10 대 7의 다수 의견으로 페린첵이 무죄라고 판결했다. 일부 언론은 재판의 내용보다 아르메니아 측 입장을 대변한 변호사 아말 클루니Amal Clooney에게 더 관심을 쏟았다. 영화배우 조지 클루니George Clooney의 부인이었던 것이다.

그에 앞서 2012년 프랑스 헌법재판소는 아르메니아 제노사이드 부정론자 처벌을 골자로 하는 행정부의 법령이 헌법에서 보장된 표현의 자유를 침해하는 위헌적 소지가 있다고 반려한 바 있다. 프랑스는 물론 유럽 대륙의 대다수 국가들이 홀로코스트 부정론을 사법 처리하는 데 비추어 보면 고개를 갸우뚱하지 않을 수 없다.

유럽인권재판소나 프랑스 헌법재판소 모두 나치의 홀로코스트 부정론과 아르메니아 제노사이드 부정론에 대해 이

중 잣대를 들이대고 있다는 게 드러났다. 아르메니아 제노사이드 부정론과 홀로코스트 부정론은 다르다는 법리적 판단을 드러낸 것이다. 법 일반이 공평한지도 의문이지만, 적어도 '기억법memory law'은 공평하지 않다.

2005년 2월 프랑스 의회에서 통과된 메카세라법Mekachera Act을 보면 고개를 더 갸우뚱하지 않을 수 없다. 문제가 된 4조 2항은 해외, 특히 북아프리카에서 프랑스 식민주의의 긍정적 역할을 인정하고 고등학교 역사교과서와 수업에서 이 내용을 의무적으로 반영하라는 것이었다. 국내외의 강한 반발 때문에 결국 이 조항은 철회되기는 했지만, 정치권력이 나서서 식민주의 제노사이드 부정론을 시민사회에 강요하려 했다는 나쁜 선례를 남겼다. 프랑스에서 '기억의 법제화'는 이처럼 홀로코스트 부정론을 처벌하면서도 식민주의는 미화하는 위선을 떨었다.

독일의 '아우슈비츠 거짓말법'은 홀로코스트 부정론 처벌의 법적 근거를 마련한 세계 최초의 법으로 기억법의 효시가 되었다. 거기에도 이면은 있다. 독일 제국은 1904년 독일령 서남아프리카(현 나미비아)에서 4만~7만의 헤레로인을 집단 학살하고 나마 부족의 절반을 살해한 선주민 말살 전쟁을 펼친 바 있다. 강제수용소, 인종 말살 등 홀로코스트의 장치들이 처음 작동된 것도 이때인데, 홀로코스트의 경우와는 정반대로 나미비아의 선주민 학살에 대한 국가 차원의 공식 사과나 배상은 아직도 이루어지지 않고 있다. 홀로코스트가 식민주의적 폭력의 연장이라는 관점에서 보면 위선도 이런 위선이 없다.

더욱이 독일의 '아우슈비츠 거짓말법'은 법제화 과정에서 보수파의 지지를 얻기 위해, 2차 대전 당시 소련 적군과 폴란드, 체코 등에서 피란길에 올랐던 1200만에 이르는 독일인 강제추방 부정론자도 이 법의 범주에 포함시켰다. 결과적으로 홀로코스트의 유대인 희생자들과 나치 지지자가 많았던 독일 피란민 희생자들의 역사적 지위가 이 법을 통해 동등해진 것이다.

5·18 역사 왜곡 처벌법을 비롯해 한국의 기억법을 지지하는 논자들이 자주 말하는 유럽의 홀로코스트 부정론 처벌법은 그런 위선으로 가득 차 있다. 수천만의 희생자를 낳은 식민주의 제노사이드, 대서양 노예무역, 아메리카 선주민 제노사이드, 스탈린의 정치적 제노사이드, 아르메니아 제노사이드에 대한 부정론은 '표현의 자유' 문제이므로 홀로코스트 부정론의 범죄행위와 다르다는 그런 발상은 받아들이기 힘들다. 유럽의 기억법은 우리의 모델이 아니라 '기억의 탈식민화'를 일깨워야 할 계도 대상일 뿐이다.

유럽 기억법의 실상이 그럴진대, 5·18 역사 왜곡 처벌법은 첫 단추부터 잘못 끼운 셈이다. 5·18에 대한 한국 사회의 공식기억은 그것이 민주화운동이라는 것이다. 민주화운동이라는 공식기억을 왜곡하는 대표적인 것으로는 지만원의 북한군 '제1광수' 같은 주장이 있다. 포스트 광주 세대인 강상우 감독의 다큐멘터리 영화 〈김군〉은 지만원의 역사 왜곡에 대한 한국 사회의 성숙한 대응이 어떻게 가능한가를 보여준다.

지만원이 '제1광수'로 지정한 사진 속 주인공을 찾아나가는 과정을 그린 이 영화는 그 주인공이 북한군도 아니지만 5·18민주화운동의 주도 세력도 아닌, 무등갱생원 출신의 고아 넝마주이이며 시민군으로 활동하다 계엄군에 사살되었다는 잠정적 결론을 이끌어낸다. 가해자나 희생자 모두에게 버림받고 사상자나 실종자 명단에도 오르지 못한 김군의 역사적 복권이야말로 역사 왜곡에 대한 가장 통렬하고 성숙한 답변이다. 민주화운동으로서의 5·18이 더 깊은 공감을 얻기 위해서는 '김군'처럼 버려지고 잊힌 광주 '서벌턴subaltern'(소외 계층)의 역사적 복권이 5·18 왜곡 처벌보다 더 중요한 것이다.

극히 주변화된 대항기억을 주장했다는 이유로 역사 왜곡 죄로 법정에 세웠을 때, 한국 사회가 얻을 수 있는 것은 무엇일까? 이 책에 실린 이소영 교수의 지적처럼, 왜곡 처벌법은 어빙 재판이나 일본군 위안부에 대한 법정 다툼에서 보듯이 희생자 코스프레의 기회를 주거나 법정에 선 부정론자들에게 다시없는 선전의 기회를 줄 뿐이다. 이철우 교수가 화두를 던진 법원의 '기관기억'과 '사회적 기억' 사이의 모순 역시 큰 걸림돌이다. 그게 다가 아니다.

기억이 법제화되는 순간 과거가 우리의 현재를 망가뜨릴

것이다. 5·18 역사 왜곡 처벌법과 같은 논리로 6·25 남침 부정론 처벌법을 제정하자는 논의가 반대 진영서 터져 나올 것이다. 이미 보수 세력을 중심으로 천안함 폭침 왜곡에 대한 처벌 법안이 국회에서 발의된 바도 있다. 이에 대해 국회 법사위의 수석전문위원은 역사 부정론자를 처벌하는 것이 "국가가 역사적 사실에 대한 판단을 독점하게 되는 결과를 초래"하고 표현과 학문의 자유를 침해할 위험성이 크다는 반대 의견을 제시했다.

5·18 역사 왜곡과 천안함 역사 왜곡에 다른 잣대를 적용한다면, 법리의 공정한 적용은 이미 물 건너간다. 모든 정치 세력에 공정한 법리를 강조하다 보면, 정치 세력마다 자신의 진실만이 유일한 진실이라고 법제화하겠다는 움직임이 일 것이다. 바야흐로 '기억법'의 시대가 열리면, 역사가들은 개점휴업해도 좋다. 역사 왜곡 여부에 대한 1차적 판단은 검찰이 맡고, 역사의 최종적 진실은 판사가 결정할 것이다. 검찰과 법원의 '기관기억'이 과거를 독점하는 순간, '대항기억'의 공간은 더 위축될 것이다.

과거는 논쟁과 비판의 대상이 아니라, 사법 처리의 대상이 되어버리는 것이다. 냉전의 포로로 천박한 진영론에 갇혀 있는 한국 사회의 지적 풍토에서 우파는 4·3과 5·18을 부정하고 좌파는 북한의 남침과 천안함 폭침을 부정함으로써, '전 국민의 부정론자화'를 낳을 것이다. 전 국민을 역사 왜곡죄로 기소하기 위해서는 검찰 조직이 지금보다 몇 배는 더

커져야 할 것이다. 왜곡 처벌론자들에게 장착된 사지선다형 단세포적 역사관이야말로 검찰 개혁의 가장 큰 적인지도 모르겠다.

　기억의 법제화는 부정론을 부정하는 기억이 아니라 모든 사람을 부정론자로 만드는 기억의 폭력이다. 부정론을 부정하는 기억은 '기억법'의 천박한 진영론을 넘어, 좌든 우든 압도적 폭력에 쓰러져간 희생자들의 인간적 존엄성을 사회적 기억으로 지키려고 할 때, '김군'의 서늘한 눈빛으로 우리 몸에 각인될 것이다. 기념은 권력의 몫이고, 기억은 우리의 몫이다.

지은이 소개 (수록순)

임지현

서강대 사학과 교수 겸 트랜스내셔널인문학연구소 소장으로 지구사 및
트랜스내셔널 역사학 연구자다. 저서로 *Global Easts: Remembering, Imagining,
Mobilizing*, 『희생자의식 민족주의』, 『기억전쟁』, *Mnemonic Solidarity: Global
Interventions*(편저) 등이 있다. 최근에는 기억활동가를 자처하며 홀로코스트 집시
희생자 사진전 〈이웃하지 않은 이웃〉을 기획·전시하고 '메모리 액티비즘'에 대한 기획
강연 등 기억 연구와 풀뿌리 역사의 실천적 접목을 시도하고 있다.

이헌미

한국여성인권진흥원 일본군'위안부'문제연구소 학술기획팀장. 동아시아 국제정치
이론 및 한국 외교사와 개념사를 전공했고, 하버드 옌칭 연구원, 이화여대 초빙교수,
서강대 HK연구교수로 재직했다. 『근대 한국의 사회과학 개념 형성사』, 『반역의
정치학』, 『서양을 번역하다—문명개화 시대의 자유, 권리, 주권, 사회』 등의 저역서와
「『제국의 위안부』와 기억의 정치학」, 「디아스포라 기억의 재현과 탈냉전 역사 쓰기의
가능성」, 「한일 위안부 외교의 역사와 쟁점」 등의 논문을 발표했다.

강정석

한양대 사학과 강사. 서양 현대사 전공으로 학위를 받았고 서강대
트랜스내셔널인문학연구소 연구교수로 근무했다. 1960년대 이후 서양의 급진적
아방가르드 운동과 정치철학, 풀뿌리 사회운동에 관심을 두고 공부하고 있다.
「상황주의자 인터내셔널과 현대 자본주의 비판」, 「'작품 없는 예술'과 '도시의 시학'」
등의 글을 썼고, 『마르크스가 살아 있다면』, 『인생의 의미』 등을 옮겼다.

이용우

미디어 역사문화 연구자로 홍콩중문대학 문화연구학과 조교수로 재직 중이다.
뉴욕대와 코넬대, 서강대에서 한국 근현대 비판적 미디어 문화연구, 이미지 시각
연구, 영화 이론과 동아시아 대중문화, 전시 일본과 전후 남한의 지성사, 한국
현대미술, 후기 식민 기억 역사 연구와 번역 등을 연구하고 가르쳤다. 〈아시아

디바—진심을 그대에게〉, "Colors of Yoo Youngkuk" 등에 큐레이터로 참여했다. *2 Oder 3 Tiger, Superhumanity*, 『2021 올해의 작가상—최찬숙』, 『현대문학』 등 다수의 서적과 저널, 카탈로그 등에 글을 게재했다.

류석진

서울대 정치학과를 졸업하고 미국 예일대에서 정치학 박사학위를 받았다. 세종연구소 연구위원을 거쳐 서강대 정치외교학과 교수로 재직 중이다. (국제)정치경제, 정보화와 정치, 기억 연구, 지역 재생 등을 연구하고 있다. 『로컬에서 청년하다』(공저), 『공동체의 오늘, 온라인 커뮤니티』(공저) 등의 책을 썼고, 「탈냉전 '30년의 위기'—다시, 에드워드 할렛 카를 읽는 시간」(공저), 「디지털 기억공간에서 민족주의가 발현되는 방식에 대한 연구—한중일 네티즌의 갈등사례와 정체성을 중심으로」 등의 논문을 썼다.

허윤

국립부경대 국어국문학과 조교수. 이화여대에서 한국 현대 소설을 전공했으며 한국 문학/문화/역사를 동아시아 젠더사의 관점에서 연구하고 있다. 『1950년대 한국소설의 남성 젠더 수행성 연구』 등을 썼고, 『문학을 부수는 문학들』, 『을들의 당나귀 귀』, 『원본 없는 판타지』 등을 공저했다. 옮긴 책으로 『일탈』(공역), 『모니크 위티그의 스트레이트 마인드』 등이 있다.

김정한

서강대 트랜스내셔널인문학연구소 HK연구교수. 국방부 5·18특별조사위원회 민간조사관을 역임했으며 사회운동과 정치철학의 마주침을 연구 주제로 삼고 있다. 주요 저서로 『대중과 폭력—1991년 5월의 기억』, 『1980 대중 봉기의 민주주의』, 『비혁명의 시대』, 『너와 나의 5.18』(공저) 등이 있다.

배주연

서강대 트랜스내셔널인문학연구소 HK연구교수이며 서울국제여성영화제 집행위원이다. 영화를 비롯한 다양한 매체가 기억의 문제를 다루는 방식에 관해 연구하며, 아시아 영화들이 표상하는 국가폭력과 식민의 기억, 포스트메모리와 젠더, 기억의 정치 등에 관한 글을 쓰고 있다. 공저로 『연구자의 탄생』, 『자유로운 개인들의 연합을 향하여』, 『무한텍스트로서의 5·18』 등이 있다.

이영진

서울대 인류학과에서 학사·석사·박사 학위를 받았다. 현재 강원대 문화인류학과 교수로 재직 중이다. 전후戰後라는 시공간에 관심을 가지며, 전쟁과 죽음, 사회적 기억과 기념, 애도의 문제에 대해 연구하고 있다. 『세월호 이후의 사회과학』(공저), 『애도의 정치학』(공저), 『죽음과 내셔널리즘—전후 일본의 특공 위령과 애도의 정치학』 등을 썼고, 『오키나와 이미지의 탄생』을 옮겼으며, 다수의 논문을 발표했다.

정면

서강대 사학과 조교수. 「고대 운남雲南 '서찬국西爨國' 연구」로 박사학위를 받은 뒤, 서강대 국제지역문화원 연구교수, 연세대 국학연구원 연구교수, 한양대 비교역사문화연구소 HK연구교수, 서강대 트랜스내셔널인문학연구소 HK교수를 역임했다. 주로 윈난사를 중심으로 한 변경사에 관심이 있다. 지금은 윈난과 태국을 잇는 교역로와 이산의 역사에 흥미를 갖고 있다. 저서로 『남조국南詔國의 세계와 사람들—8~9세기 동아시아의 서남 변방』이 있고, 논문으로 「영웅과 매국노 사이—두문수杜文秀를 둘러싼 기억 경쟁」, 「하나의 국경, 두 장의 역사지도—근현대 시기 전滇-면緬 국경 분쟁의 역사화」 등이 있다.

김성례

서강대 명예교수. 미국 미시간대(앤아버)에서 인류학 박사학위를 받았고. 강원대 인류학과 교수와 하버드대 하버드 옌칭연구소 방문교수 등을 역임했다. 주요 연구 분야는 종교인류학과 의례 연구, 샤머니즘과 민속신앙, 여성주의 구술사, 냉전과 기억 연구 등이다. 저서로 『한국 무교의 문화인류학』, 『제주4·3 연구』(공저), 『종교와 식민지 근대』(공저) 등이 있다. 논문으로 "Lamentations of the Dead: The Historical Imagery of Violence on Cheju Island, South Korea," "Memory Politics and a Women's Sphere Countering Historical Violence in Korea" 등이 있다.

이상록

한국 현대사를 연구하는 역사학자로 국사편찬위원회 편사연구관으로 재직 중이며 역사문제연구소 상임연구위원과 『역사비평』 편집위원을 맡고 있다. 주요 저서로 『한국의 자유민주주의와 사상계』, 『인물로 읽는 현대한국정치사상의 흐름』(공저), 『호모 에코노미쿠스, 인간의 재구성』(공저) 등이 있다.

황은주

서강대 영문학부 교수. 윌리엄 포크너William Faulkner에 대한 논문으로 박사학위를 받았다. 미국 소설, 비평 이론, SF 소설 등을 가르치며, 고딕 소설, 퀴어 문학, 공간 이론, 도시인문학에 관심이 있다. 포크너와 셜리 잭슨 Shirley Jackson, 돈 들릴로 Don DeLillo, 샤오루 궈 Xiaolu Guo 등에 대한 논문과 『도시의 유목인―뉴욕의 문화지리학』을 썼다. 현재 뉴욕의 할렘을 배경으로 한 퀴어 문학을 연구하고 있다.

정헌주

미국 펜실베이니아대에서 정치학 박사학위를 받고 인디애나대(블루밍턴)에서 조교수로 재직했다. 현재 연세대 행정학과 교수로 재직 중이다. 주요 연구 분야는 기억 연구, 국제정치, 국제 개발 협력, 비교정치경제, 항공우주력 등이다. 주요 논문으로 「'김대중기념관'과 기억의 정치」, 「근대의 기억 표상으로서 '서대문독립공원'」, 「중국의 항미원조기념관을 통해서 본 한국전쟁의 기억과 정치적 함의」 등이 있다.

홍지순

서강대 중국문화학과 교수. 영국 케임브리지대에서 중국 현대문학으로 박사학위를 받았다. 독일과 미국에서 박사후 과정 연구를 마치고 영국 맨체스터대에서 중국학 조교수로 근무한 후 서강대 중국문화학과 교수로 재직 중이다. 중국 미디어 문화와 동아시아 도시 문화 등을 연구하며 "Transcultural Politics of Department Stores," "The Global Generation of Chinese Film Directors" 등의 논문을 발표했다.

김영주

서강대 영문학부 교수이며 미국 텍사스A&M대에서 영문학 박사학위를 받았다. 주요 논문으로 「영국 소설에 나타난 문화지리학적 상상력―가즈오 이시구로의 『지난날의 잔재』와 그레이엄 스위프트의 『워터랜드』를 중심으로」, 「"문학은 공동의 땅입니다"―현대 출판문화와 버지니아 울프, 에세이스트」 등이 있다. 『영국 문학의 아이콘―영국 신사와 영국성』, 『영미 문화를 읽는 세 가지 키워드―공간·윤리·권력』(공저) 등을 썼고, 버지니아 울프의 『세월』, 『버지니아 울프 문학 에세이』(공역)를 옮겼다.

서지원

서울대 아시아언어문명학부에 부교수로 재직 중이다. 인도네시아를 비롯한 동남아시아 정치사를 연구하고 있다. 『베네딕트 앤더슨』을 썼고, 베네딕트 앤더슨의 『세 깃발 아래에서―아나키즘과 반식민주의적 상상력』과 『상상된 공동체—민족주의의 기원과 보급에 대한 고찰』및 몇 편의 글을 번역했다. 「국가폭력인가 집단 간 폭력인가?—인도네시아 1965~66년 학살에 대한 해석들」, 「인도네시아 이행기 정의와 수하르토 민족영웅 논쟁—법정주의를 넘어」 등의 논문을 발표했다.

이종훈

서강대 대학원 사학과에서 「바꾸닌의 아나키즘에 관한 연구」로 박사학위를 받았다. 러시아 과학아카데미 산하 러시아역사연구소 객원연구원을 역임했다. 스탈린주의 연구로 '대중독재' 연구 프로젝트에 참여했다. 한양대와 서강대에서 러시아혁명사와 동유럽사, 소련사 강의를 맡았다. 『엇갈린 국경 길 잃은 민족들』(공저), 『대중독재의 영웅 만들기』(공편), 「스탈린주의 근대성과 '밤의 마녀들'—1930년대 소비에트 사회의 에토스와 여성 야간폭격연대 부대원의 삶을 중심으로」, "Visual Stalinism from the Perspective of Heroisation: Posters, Paintings and Illustrations in the 1930s" 등의 저서와 논문을 펴냈다.

박현선

고려대 국제대학 초빙교수이며 『문화/과학』 공동 편집인이다. 한국 영화의 모더니즘과 정치적 미학에 관한 연구로 미국 캘리포니아대(어바인)에서 박사학위를 받았고, 미국 서던캘리포니아대 한국학연구소에서 박사후 연구원, 서울국제여성영화제 게스트 프로그래머, 서강대 트랜스내셔널인문학연구소 HK연구교수 등을 역임했다. 공저로 『한국영화와 근대성』, 『할리우드 프리즘』, 『아이다 루피노』, 『문화론의 도래와 파장』, East Asian Film Noir, A Companion to World Literature 등이 있으며 기억과 정동 연구, 냉전의 문화정치, 시네페미니즘 등에 관한 논문을 다수 발표했다.

이철우

연세대 법학전문대학원에서 법사회학, 시민권과 국제이주 등의 교과목을 가르치고 있으며, 법과 사회 이론, 법사회사, 국적과 시민권의 법사회학을 주요 연구 분야로 삼고 있다. 연세대 법학연구원장과 법과사회이론학회장, 한국법사회학회장, 한국이민학회장, 한국사회사학회 이사 등을 역임했다. 공저로 『현대 법사회학의 흐름』, 『이민법』 등이 있고, 논문으로 "Nation v. State" 등이 있다.

배묘정

서울대에서 전시체제하의 다카라즈카 소녀가극宝塚少女歌劇에 관한 연구로 박사학위를 받은 뒤 일본의 공연예술을 비롯하여 동아시아 지역의 사운드 메모리sound-memory에 관해 연구 중이다. 저서로 『정치의 가극화, 가극의 정치화—소녀가극이 재현한 제국 통합의 이데올로기』 등이 있으며, 옮긴 책으로 『글로벌 시대의 동아시아 현대음악』(공역) 등이 있다. 주요 논문으로 「영웅의 기억과 소거의 미학—전후 다카라즈카의 〈桃太郎記〉(1953)에 나타나는 모모타로의 재현 전략」, 「노래 부르기의 정치학—〈임을 위한 행진곡〉의 제창·합창 논란에 대한 수행적 관점의 분석」 등이 있다.

이소영

제주대 사회교육과 교수. 고려대 법학과와 같은 학교 대학원을 졸업했고, 프랑스 사회과학고등연구원과 독일 튀빙겐대 등에서 연구하고 가르쳤다. 법사회사와 법문학, 법철학을 공부하고 있으며, '법을 통한 과거청산' 문제와 한국 발전주의 시기 '규제·단속의 법사회사'가 주된 연구 관심사다.

김상훈

서강대 사학과에서 한국 근현대사로 전공으로 박사학위를 받았다. 현재 숭문고 교사이며 『역사연구』 편집위원, 국사편찬위원회 '우리역사바로알기대회' 운영위원 등을 맡고 있다. 해방 직후 발행된 역사교과서와 역사 교육과정을 주제로 학위논문을 썼고, 이후 한국 근현대사의 교육 부분에 대해 연구하고 있다. 저서로 『해방 직후 국사 교육 연구』, 논문으로 「한국전쟁기 서울에 개설된 중등 훈육소」, 「해방 후 학기제 변천 과정 검토」, 「1951~1954년 중학교 입학 국가고사의 실시와 중단」, 「해방 후 손진태의 활동과 국사교과서 편찬」 등이 있다.

정일영

서강대 사학과에서 박사학위를 받았다. 현재 서강대 사학과 조교수이며, 역사학연구소 연구실장, 문화재청 문화재 전문위원 등을 맡고 있다. 저서로 『생과 사의 인문학』(공저), 『서울 사람들의 생로병사』(공저) 등이 있으며, 주요 논문으로 「식민지 조선에서 죽음을 기억하는 두 가지 방식」, 「노동의 부정을 통한 최대효율의 추구—식민지 시기 한센인 소록도 강제노동과 1960년대 오마도 사건을 중심으로」 등이 있다. 한국 근현대사의 죽음과 기억, 노동과 관련된 문제에 관심이 있다.

김주희

여성학을 전공했으며 여성주의 정치경제학 분야를 연구하고 있다. 서강대 트랜스내셔널인문학연구소를 거쳐 덕성여대 차미리사교양대학 조교수로 재직 중이다. 주요 저서로 『레이디 크레딧』, 『코로나 시대의 페미니즘』(공저), 『페미돌로지』(공저) 등이 있다. 한국 자본주의 발전 과정에서 여성의 몸과 섹슈얼리티를 동원해온 금융, 문화, 제도, 국제정치와 여성의 경험에 관한 논문을 다수 발표했다. 『뉴 래디컬 리뷰』 편집위원, 맑스코뮤날레 집행위원, 반성매매인권행동 '이룸' 운영위원으로 활동 중이다.

이유재

베를린 자유대와 베를린 훔볼트대, 서울대에서 역사학, 정치학, 철학과 한국학을 공부했고, 에르푸르트대 역사학과에서 박사학위를 받았다. 현재 독일 튀빙겐대 한국학과 학과장으로 재직 중이다. 식민사와 한독 관계사, 한인 이주사, 일상사에 관심이 있다. 『한국현대 생활문화사—1950년대』(공저), *Koloniale Zivilgemeinschaft: Alltag und Lebensweise der Christen in Korea (1894~1954)*, *Glück Auf! Lebensgeschichten koreanischer Bergarbeiter in Deutschland* 등의 책을 썼다.

우찬제

서강대 국문학과 교수이자 문학비평가. 1987년 중앙일보 신춘문예로 등단하여 『애도의 심연』, 『나무의 수사학』, 『불안의 수사학』, 『프로테우스의 탈주—접속시대의 상상력』, 『고독한 공생』, 『타자의 목소리』, 『상처와 상징』, 『욕망의 시학』 등을 썼고, 생태소설과 생태시 앤솔러지 등을 편집했다. 대산문학상, 팔봉비평상 등을 수상했다. 최근엔 기후 침묵의 기억을 환기하며 기후 행동을 위한 생태학적 지혜와 상상력을 탐문하는 환경인문학을 모색하고 있다.

전재호

서강대에서 정치학으로 박사학위를 받았고, 하버드 옌칭연구소 초빙연구원, 서강대 사회과학연구소 연구교수, 성균관대 동아시아학술원 연구교수 등을 역임했다. 현재 서강대 트랜스내셔널인문학연구소 조교수로 재직 중이다. 저서로 『반동적 근대주의자 박정희』, 『박정희 대 박정희』, 『키워드 한국 정치사』, 『민족주의들』이 있고, 「'식민지 건축 유산'에 대한 인식 변화와 반일 민족주의」, 「2000년대 한국의 '극단적' 민족주의에 관한 비판적 연구」 등 다수의 논문을 썼다.

차문석

국립통일교육원 교수로 재직 중이다. 성균관대에서 정치학 박사학위를 받았다. 저서로 『반노동의 유토피아』가 있고 『사회주의 체제의 정치경제학』(공역), 『뉴딜, 세

편의 드라마」 등을 옮겼다.

황병주
국사편찬위원회 편사연구관이다. 한국 현대사를 전공했으며 박정희 체제의 지배
담론으로 박사학위를 받았다. 한국의 근대화 과정, 특히 자본주의적 산업화가
한국 사회를 어떻게 변화시켰는지를 다각도로 살펴보는 것이 주된 관심사다. 주요
논문으로 「1920년대 초반 소유 개념과 사유재산 담론」, 「1970년대 '복부인'의 경제적
표상과 문화적 재현」, 「박정희 체제와 공화주의의 행방」 등이 있다.

김보민
서강대에서 중국문화를 전공하고 정치·경제·철학 연계전공으로 졸업했다. 동아일보
교육법인에서 취재기자로 재직했다. 이화여대 일반대학원에서 「북한 민족제일주의
담론의 변화」로 북한학 석사학위를 받았다. 북한과 중국 등 현실 사회주의 국가의
민족주의와 그 발현에 관심을 가지고 연구 중이다.

역사에서 기억으로

침묵당한 목소리를 불러내다

초판1쇄 발행 2022년 8월 15일
지은이 임지현·정면·김정한 외
펴낸이 박동운
펴낸곳 (재)진실의 힘
서울시 중구 세종대로 19길 16 성공회빌딩 3층
www.truthfoundation.or.kr truthfoundation@hanmail.net

기획 서강대 트랜스내셔널인문학연구소·김정은
편집 엄정원
디자인 공미경
인쇄·제책 한영문화사

ISBN 979-11-957160-7-4 03900

이 책은 2017년 정부(교육부)의 재원으로 한국연구재단의
지원을 받아 수행된 연구입니다(2017S1A6A3A01079727).